# はじめに

早稲田大学 政治経済学術院教授
（本賞選考委員）
瀬川至朗

大隈記念講堂は早稲田大学のシンボル的存在である。その時計塔の高さは約三八メートル。日本古来の計量法では一二五尺であり、大学創設者の大隈重信が唱えた「人生一二五歳説」にちなんでいる。

太陽系を模した高いガラス天井がある大隈記念大講堂はよく知られているが、その地下には約三〇〇席の小講堂がある。天井は高くはないが、前方にステージがあり、観劇や映画の鑑賞に適したつくりである。

「石橋湛山記念 早稲田ジャーナリズム大賞」記念講座として開講する「ジャーナリズムの現在」という授業は、新型コロナ前の二〇一九年までの数年間、大学の伝統を感じさせる小講堂で講座をおこなってきた。本書の元となった記念講座二〇二三は、四年ぶりに小講堂での開講となり、従来の記念講座の雰囲気が戻り、講師と学生の間の活発な質疑応答が繰り広げられた。

今年は、講座を始める前から、講義録のタイトルに「データ」という言葉を入れたいと考えていた。記念講座二〇二三には、前年二二年度の早稲田ジャーナリズム大賞の受賞者五名を講師として招き、受講学生を対象とする講義をしていただくことが決まっていた。その二二年度受賞作品には、国のオープンデータを収集して作成した統合データベースの分析により、国の基金制度の問題点を明らかにした日本経済新聞の「国費解剖」という調査報道と、SNSなどのオープンデータを活用・分析するOSINT（Open Source Intelligence、オシント）の手法を駆使して、ミャンマー軍の弾圧の実態に迫ったNHKスペシャルの「ミャンマープロジェクト」が入っていた。

近年注目されている、オープンデータを活用するジャーナリズムを特集する好機と捉え、記念講座では受賞者五名に加えて、日本テレビの番組「ザ・ファクトチェック」のプロデューサーの方を講師にお招きすること、またデータジャーナリズムをテーマとする講座記念シンポジウムを開催し、それを専門とする二人に登壇していただくことを決めた。こうした講師陣により、「データ」を扱うジャーナリズムの話を多面的に展開することができた。本書のタイトルを、「データが切り拓く新しいジャーナリズム」とすることにした次第である。

なお、データジャーナリズムとの直接的な関係はないかもしれないが、二二年度の受賞作品である山梨日日新聞の「FUJIと沖縄」、NHK（Eテレ）で放送された「〝玉砕〟の島を生きて　～テニアン島　日本人移民の記録～」、北海道新聞の「消えた『四島返還』」は、いずれも長きにわたる弛まぬ努力と丁寧な取材、地元に根ざした明確な問題意識などの組み合わせで実現した、大変優れた作品だった。担当された三人の方の熱量のこもった講義録をお読みいただければ幸いである。

本書に収録した講義・シンポジウムを受講した学生のレビューシートから、それぞれ一編を選んで以下に紹介する（太字部分）。各講義・シンポジウムのガイダンスの役目を果たしてくれるはずである。同時に、今日の学生が、ジャーナリズムのどんな側面に関心を寄せているのかを知る機会にもなると思う。

【講義　ジャーナリズムの現在】

1　国の公開情報を調査報道に生かす――「国費解剖」が解き明かした政府予算の病巣

**「ジャーナリズムの本質を感じる講義でした。企業や政府、自治体などの権力が隠蔽している情報を暴き、真実を報道する。ドラマや漫画でみる記者のイメージ通りのお話、その調査の実態はドラマではよくわからないことが多いのでリアルを知れたこの講義はとても面白かった**

です。

　昔から権力があればジャーナリズムも存在したため、権力の事実の隠蔽方法が時代とともに変われば、ジャーナリズムの調査・分析・報道の仕方も変わっていく。ＯＳＩＮＴやオープンデータを使って調査する。僕たちがジャーナリストとして活動する時代にはまた新たな方法が生まれているかもしれないため、柔軟性を養っていければなと考えました。」
※日本経済新聞社の調査報道シリーズ「国費解剖」は、二〇二一年度公共奉仕部門〈奨励賞〉受賞作品（受賞者　「国費解剖」取材班代表　鷺森弘）。

## 2

テレビにおけるデジタル調査報道の可能性――ミャンマー軍の弾圧の実態に迫る

「今回も事前にドキュメンタリーを見てからお話を聞く形だったが講義を聞く前と聞いた後ではドキュメンタリーを見る目が変わった。ドキュメンタリーの中で使われている映像の中にはＳＮＳから使用している映像もあると知ったからだ。今までは伝えるということはその場に行って、話を聞いて、映像を撮るという手段しかないと思っていたが、今回ＯＳＩＮＴという手法があることを知り、「ジャーナリズムの現在」を知った気がした。

　善家さんが「現場に行って伝えるべきだというディレクターもいるがＯＳＩＮＴでしか知れないこともある」とおっしゃっていたのを聞いて、とても納得した。誰もが世界中に発信することのできる時代になり情報の真偽がわからない世の中だからこそ、ＮＨＫのようなテレビ局が、苦しんでいる市民のＳＮＳをドキュメンタリーなどに使用することの意義を感じた。」
※ＮＨＫの「ミャンマー軍の弾圧や軍事攻撃の実態に迫る一連のデジタル調査報道」は、二二年度草の根民主主義部門〈奨励賞〉受賞作品（受賞者　ＮＨＫスペシャル　ミャンマープロジェクト代表善家賢）。

## 3　ＶＵＣＡ時代のジャーナリズム――ファクトチェックの取り組み

「私はテレビでのファクトチェックはとてもありがたくていい営みだと思いました。なぜなら Twitter で羽生結弦さんのホテルの件や、小室圭さんの件などたくさんのツイートを見て、真偽を確かめようともせずに信じていたからです。ＳＮＳは情報が端的に書いてあって基本的に流し見なので、その場で受けた印象をそのまま信じて持ち続けます。しかし、後からファクトチェックで真偽を知ることができれば、特定の人への間違った印象を改めることができます。

今の時代、間違った情報のせいで、何も悪くないのに苦情や世間から悪いイメージを持たれてしまった方達は多いと思います。また災害時になれば、一つの情報で人々の混乱が起きかねません。ファクトチェックを続けていけば、ＳＮＳを疑わない私のような若者に、「こんなにネットの情報は間違っているんだ。簡単に信じないようにしよう。」という知識、常識を植え付けることができます。」

※日本テレビで放送された番組「ザ・ファクトチェック」は、ファクトチェックアワード二〇二三〈優秀賞〉受賞作品（番組制作チーム　プロデューサー　井上幸昌）。

## 4

戦争体験者の声を残したい――ドキュメンタリーの現場から

「今回の作品を鑑賞し、教科書の文章や写真だけではなかなか伝わらないことが、当事者の口から聞くことで、具体性や現実味が増していると感じた。その点で、ドキュメンタリー作品として、当事者自身が語っている姿を映像で残すということには、非常に大きな意味があると感じた。

また、自分の教育を振り返ってみると、戦争教育が十分だったとは思えない。太田さんがおっしゃっていたように、もし、これから日本が戦争に向かうとすると、戦争のむごさを国民に教え、戦争に否定的な戦争教育は、不都合であるため、戦争教育が縮小してしまわないか、危惧される。だからこそ、ジャーナリズムが今後、一層必要性を増すだろう。」

※NHK　Eテレで放送された「〝玉砕〟の島を生きて　～テニアン島　日本人移民の記録～」は、二〇二二年度草の根民主主義部門〈大賞〉受賞作品（受賞者　太田直子＝グループ現代）。

5　基地問題「わがこと」とするために――北富士演習場と沖縄、地元紙の役割は

「先日、ある記者の方から、その地域に根付いた「内向きのニュース」を届けるのみだった地方紙が、全国へそして世界に向けた「外向きのニュース」を発信するように変化している、というお話を聞きました。山梨日日新聞社の連載「Ｆｕｊｉと沖縄」は、まさにその役割を果たしており、本土の人々が米軍基地問題を自分事として捉えるきっかけとなる、素晴らしい企画であると思います。

人やモノが集中する大都市では、次から次へと社会問題が発生し、人々の関心は未来のことに注がれます。しかし、歴史を振り返り、一見異なる二点を結び付けて隠れていた問題に光をあてることも重要です。大都市のマスメディアが見落としている問題に光を当て、マスメディア全体としての視点の均衡を保つことが、これからの地方紙に求められることなのではないか、と考えました。」

※山梨日日新聞の「Ｆｕｊｉと沖縄　本土復帰五〇年」は、二二年度公共奉仕部門〈大賞〉受賞作品（受賞者　Ｆｕｊｉと沖縄　本土復帰50年取材班代表　前島文彦）。

6　「北方領土」取材から考える新聞の役割――安倍政権の対ロシア外交とウクライナ侵攻

「北方領土問題という繊細な問題に対しアプローチするお話を伺うことができ、非常に勉強

になりました。特に徹底的な〝情報収集〟を行う姿勢には感銘を受け、約２万件のメモと３００ページにわたるエクセルからの情報の抽出というエピソードには非常に驚きました。北方領土問題にどう関心を持ってもらうかというテーマがありましたが、「消えた四島返還」の特設サイトは、その点においてすごく効果的に感じます。お話を伺う前に事前資料としてサイトを開いた際、サイトの見やすさとインパクト、伝えたいワードが明確であることから視覚的に刺激を受け、北方領土問題の世界に引き込まれる感覚を味わいました。難しい問題のように捉えてしまうからこそ、わかりやすく伝えるということの大切さを、サイトから学びました。」

※北海道新聞の「消えた『四島返還』」を柱とする「#北方領土考」キャンペーンは、二〇二一年度公共奉仕部門〈奨励賞〉受賞作品（受賞者　北海道新聞日ロ取材班代表　渡辺玲男）。

【討論　データ時代の調査報道を考える】

シンポジウム　データジャーナリズムとは何か――データ分析と可視化報道の現在地

講義特別編として開催したこのシンポジウムでは、朝日新聞社デジタル企画報道部の山崎啓介さんとGoogle News Labの荻原和樹さんにご登壇いただいた。

「多くのデータを集積して細かくくまなく分析することによって、把握できないような事件要因などを導き出せるということに非常に面白さを感じた。それと同時にジャーナリズムの仕事は現地に行って報道することのみではないということも知ることができた。(中略)他チームと密に関わっていくことにより、報道が活性化していく。スクロールでテキストとグラフィックが同時進行する技術は情報の受け取り手に、より解像度の高い情報を届けるために非常に有効であると感じた。」

「本日のシンポジウムでお二方の講演を聴き私が共通して感じたことは、データを価値のあるものに編集し、それを広めることで社会をよりよくしたいという強い思いです。最初にデータジャーナリズムという言葉を聞いたときは、理系色が強く文系の私にとってはあまり関係のないことだと思いましたが、データを分析するだけでなく、企画からデザイン、ストーリーまで様々なことが絡み合っていることを知り、データジャーナリズムの世界に興味を持つことができました。(中略)今回、データに基づいた記事は非常に客観性があり、多くの人々に認められるという良さを学んだので、まずはプログラミングを知ることから始めていきたいです。」

なお、シンポジウム終了後、「データジャーナリズムとは何か」について再度考察を深めたいと考え、「社会科学方法論とデータジャーナリズム」と題する論考を執筆した。理解のための補助線となれば幸いである。

# 目次

# 講義　ジャーナリズムの現在

# *1* 国の公開情報を調査報道に生かす
## ――「国費解剖」が解き明かした政府予算の病巣

日本経済新聞　社会・調査報道ユニット調査報道グループ長
鷺森　弘

## 一　注目が高まる調査報道

### 調査報道とは

私は一九九六年四月に日本経済新聞社に入社して、今年二七年目になります。主に産業分野の取材に携わってきました。二〇一七年以降、日経として調査報道に力を入れていこうという方針の下、その担当になって丸六年たちます。

調査報道とは何か。私なりの整理では「政府や自治体、企業など権力・権威を有するものが自ら明らかにしてない、もしくは当事者も気づいていない重要かつ不都合な真実、構造的な問題を独自の取材や分析に基づいて掘り起こす報道」ということになります。政府や企業が発表したことを書くのではなく、独自の取材に基づいて、当事者が知られたくないことを書く――。調査報道を手がけるメディアや記者はウォッチドッグつまり番犬にたとえられます。

## 短くなるスクープの賞味期限

なぜ今、調査報道なのでしょうか。新聞がメディアの中心だった時代は、朝刊の一面に日経だけにしか載っていない記事が躍る……というのが美しいスクープの姿でした。ところがネットの時代になって、スクープを流しても、他のメディアがすぐ気づいて数時間後には同じ内容があらゆるところで流れます。スクープの賞味期限が非常に短くなっているのです。

もう一つ、今は個人で情報発信する時代です。ＳＮＳなどで自分の気づいたことをリーク情報も含めて発信する。メディアがその事実を知る前にインナーサークルにいる人がネットで発信することがある。そうなると大手新聞社よりも個人が発信する情報のほうが速報性において優れていることになります。

こういう時代においてメディアの方向性はどうあるべきか。個人の発信者による情報は正しいときもあれば、間違うこともあります。またその情報は総合的にあるいは客観的にみてどういう意味を持つのか、そういう検証をしつつ、関係する情報を集めて大きく展開する。そこに解釈やオピニオンを加える。こうしたことは訓練を積んだ記者を多く抱えるメディアしかできないことです。そのあたりにメディアの存在価値や目指すべき方向性のヒントがあるのかと思います。

昔は日経新聞の朝刊にA社とB社の合併の特報が載ると、他のメディアは大慌てで確認し、夕刊に同じ内容を書いたものです。半日遅れて同じ内容の記事を載せることを「追っかけ」といいます。しかし今は他のメディアが午前中のうちに同じものをネットで流します。ネット時代では、すぐに追いかけられないニュース、言い換えれば手間暇をかけた情報の価値が高まっています。

## 二 経済メディアならではの調査報道

### 調査報道の専門組織が結成されて

このような時代で日経の調査報道は、経済活動や政策の構造問題を独自に掘り起こしていこうと考えています。これまでは証言や内部資料などいわゆる一対一の関係の中で情報を取ってくることが取材の主流でした。その重要性を大事にしつつ、世の中に流れている膨大なデータを自分たちで分析することで、新しい事実や不都合な実態などを解き明かしていきたい、いわゆるデータジャーナリズム（調査報道の一手法）を志向しています。

二〇一七年四月に立ち上がった調査報道チームはデスクである私と、さまざまな部署から集まった三人の記者で構成されていましたが、二〇二一年四月には調査報道グループという「部」となり、所属人数も五倍になりました。データジャーナリズムでは、いかに効率的にデータを集め、分析するのかが重要です。過去のデータ一〇万件を分析することもあります。エクセルでは迅速性に欠けるため、プログラミング言語などを使って作業を効率化する必要も出てきます。

従来の記者クラブ詰めの記者は、行政や企業が公開した資料を要約し、あるいは付加価値を付けて発信してきました。これとはちがって調査報道はまっさらな状態からスタートします。誰かと話したり、文書を読んだりしてつかんだ端緒から、おかしなことが起きているのではないかという仮説を立てる。それを証明するために必要な資料は何かを考え、データや資料を集める。自分で立てた仮説が正しいかを取材によって検証し、仮説が正しいとなればやっと記事になります。仮説が間違っているということは少なくありません。しかし、仮説を証明したいがために都合のいい資料を集めるなどはもってのほかです。仮説が間違っていれば、もういちどスタートに戻って、仮説を立て直し、改めて取材を進める必要があります。このような過程を何度も繰り返して仕上げていくので、ひとつの記事に三〜六か月かかるのが通常です。何度仮説を立て直してもモノにならず、紙面化をあきらめることも多いです。

## 調査報道のケーススタディー

これまで調査報道として紙上で取り上げたものについてお話しします。調査報道チームが発足した二〇一七年、国が巨額資金を用意してベンチャーなどに投資する官民ファンドの実態について報じました。日本の産業競争力を引き上げるために大きなお金を動かす、というのが建前ではありますが、国は成果については積極的に公表しようとせず、投資を回収できたのかも回答しようとしません。そこで、その実績がどうだったのかを調査しました。記事を書いた時点で、出資先の株式をすべて手放したベンチャー投資二三件の八割超で損が出ていたことがわかりました。

二〇一八年には、人口が減少するなか、マンションやオフィスビルが増加し続ければ、都市が荒廃していくのではないかという問題意識から、「限界都市」というシリーズを始めました。マンション修繕積立金のデータを集めて、多くのマンションで積立不足が生じている現状をまとめたり、高齢者しか居住していない空き家予備軍の割合が高い都市の実態を記事にしたりしました。

脱炭素に向けた取り組みも取り上げてきました。例えば、森林を保護すれば二酸化炭素を吸収していることになり、その二酸化炭素の減少効果を取引可能なクレジットに換算して、売買する市場があります。しかしこの換算は実態を伴ったものなのか、クレジットが過剰に発行されているのではないか。このような視点で取材し、問題点を指摘しました。

## 三　国費のブラックボックスに迫った「国費解剖」シリーズ

### 実績が検証されにくい基金

次に今回の講義テーマである「国費解剖」シリーズ（写真1）についてお話しします。ブラックボックス化した国費の使い道を解剖し、歳出の無駄を追及するというもので、データジャーナリズムの手法を駆使して、基金、予備費、委託事業などについて四〇本ぐらい記事を発信しました。

基金は主に国からの資金を原資として独立行政法人や公益法人などにプールしたもので、この基金設置団体が補助金として支給したり、貸し付けたりする仕組みです。通常の予算は必ず毎年国会の決議を経て成立するのですが、基金はいったん設置が決議されてしまえば複数年度にわたってプールされた総額を使っていくことができる、予算の単年度主義の例外で、国会のチェックが働きにくい問題があります。しかもブラックボックス化していてその使途がよくわからない。本当に必要な政策に充てるべき資金を、余ったまま眠らせておくのも、無理に使い切るのもおかしい。多くの基金がそのような状況に陥っているのではないかというのが私たちの立てた仮説です。

端緒はグリーンイノベーション基金という脱炭素に向けた技術開発を支援する基金でした。当初一兆円を見込んだものが当時の菅首相の一声で、予算は二兆円に増額されました。コロナ対策や脱

写真１　「国費解剖」シリーズの紙面や電子版画面

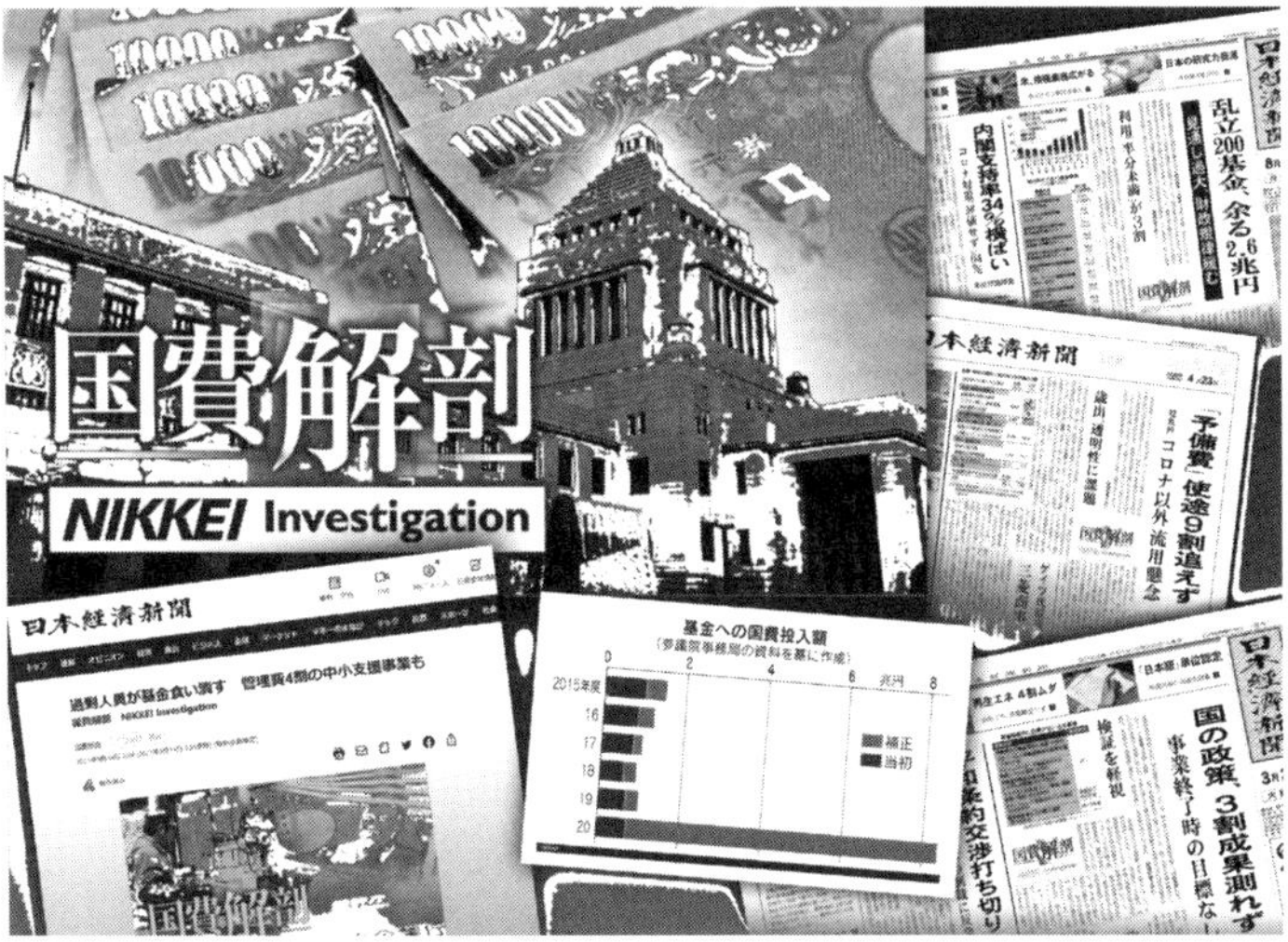


（出所）日本経済新聞

炭素を推進するには基金というシステムが好都合ということで、他にも大きな基金が相次いで創設されました。基金の安易な増額・乱立は、過去のものも含めて国民の税金の使い道としてどうなのかという思いを強くして、調査を始めました。

## 基金シートを調査

調査には各省庁が毎年公開している基金シート（写真２）というものを使いました。二〇一〇年度に国の事業の成果や国費の流れを検証できる行政事業レビューシートの作成が始まり、その後、基金についても同様のシートを作るようになりました。事業内容、関連する法令、収支、目的などに加えて、予算額、執行状況、実施した件数、

写真2　基金シートのサンプル

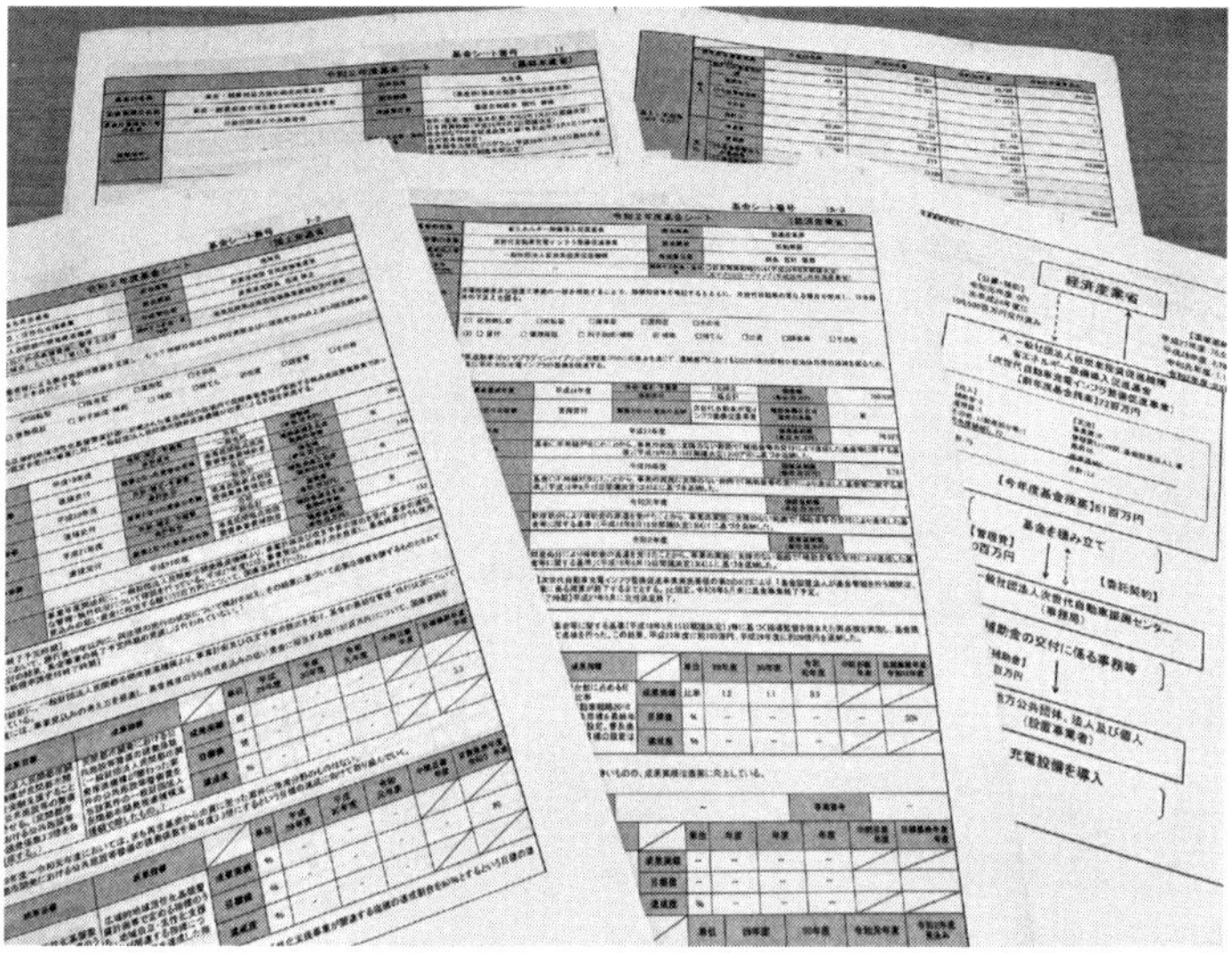

翌年度への繰り越し状況などが統一された様式で記載されています。比較的簡単にお金の流れを知ることができます。

対象としたのはシートの公開が始まった二〇一三年度から当時最新だった二〇二〇年度分までの全一五〇〇ファイル。フィルターをかけたりはせず集められるものはすべてダウンロードして、基本的な情報をすべて一つのデータベースに統合するという作業を行いました。元のシートが紙で印刷することを優先して作成されたものなので、いたるところで「セル」が結合されており、きちんとデータ処理できるようにすべてクレンジングという手順を行う必要がありました。そのため統合データが完成するまで約三か月もかかりました。

データベースを分析した結果、基金に使われないまま余っていた国費が二・六兆円にも達することが判明し、その実態を日経電子版や朝刊一面のトップで報じました。

## 過剰人員の配置を見抜く

調査報道ではできるだけいろいろな資料を収集することが非常に大切です。基金に関する情報を得る方法にもさまざまなものがあって、そのなかに行政文書の開示請求というものがあります。ネットでは公開されていない文書を行政機関に請求して開示してもらうものです。そこで得られたデータを洗い出していくと、基金事業にかかわるスタッフの人件費に問題が多く、それが補助金を食いつぶしている基金の存在が浮かび上がってきました。

中小企業の資金繰り支援事業が一例です。金融機関から融資された資金の返済が難しくなった場合、金利の減免や返済期間の延長などで返済猶予（リスケ）を求める計画をつくるケースがあります。その際、中小企業診断士や税理士などに手伝ってもらう場合があり、そのためにかかる費用を補助する基金があります。全国の商工会議所などが相談・申請窓口になっているのですが、補助実績に対して人件費が過剰だったのです。

取材班の一人が公開情報や内部資料を調べると、二〇一四年度末までに二万件を見込んだ申請はその時点で七五〇〇件、二〇一九年度末で一万八五〇〇件でした。これに対し、全国の窓口にいる常駐者は一五〇人以上です。二〇一三〜一九年度に計一〇五億三〇〇〇万円の補助金を支出したのに対し、管理費を六七億八〇〇〇万円も使っていました。非効率な体制が全国にはびこっている結果、国民の税金で賄われた基金が人件費で食い潰されているのです。

## 新型コロナウイルス感染症の病床問題

次にご紹介するのは新型コロナウイルス感染症の病床の問題です。新型コロナ感染者が増加し、病院や自治体はコロナ患者のために空けておく病床を増やし、それに対して病床確保料という補助金が病院に支払われました。集中治療室（ＩＣＵ）であれば一日最大四三万六〇〇〇円、一般病床は一日最大七万四〇〇〇円と、病床の種類で支払われる金額が異なります。

本来であればこうした病床にコロナ患者が入院すべきところ、病院側の受け入れ態勢が整っていないため患者を入れていないにもかかわらず、補助金が支払われている、ということが起きました。「幽霊病床」という言い方でこうした問題を指摘する人もいました。

病床確保料として二〇二〇〜二一年度の二年間で総額三兆三八四八億円の補助金が医療機関に交付されていました。情報公開請求などで得た資料を基に、個別病院別の補助金支給額やコロナ病床の稼働率を調べたところ、都道府県平均を大きく下回った四〇四病院へ二年間で三六六〇億円超が補助金として流れていたということがわかりました。しかも低稼働のところの割合は、民間の医療機関よりも公立病院や大学病院など率先して患者を受け入れるべき公的な病院の方が大きかったのです。この問題は会計検査院も調べていました。私たちの報道が二〇二二年一二月で、会計検査院は年明けに同様の指摘をしています。

## 実績が水増しされていた国際スポーツ貢献事業

国は政策の成果を示すさまざまなデータを公表していますが、私たちメディアはそれが本当かどうかを注視していかなければなりません。その一例として、スポーツ庁と外務省による国際貢献事業「スポーツ・フォー・トゥモロー（ＳＦＴ）」のお話をしたいと思います。

事業のきっかけは二〇一三年の国際オリンピック委員会（ＩＯＣ）総会です。当時の安倍首相が東京五輪・パラリンピック招致のプレゼンテーションで、「東京に聖火が届くまでにスポーツの喜びを一〇〇カ国・一〇〇〇万人に届ける」というメッセージを発信しました。これでスポーツを通じた国際協力や人材育成を柱とするＳＦＴが生まれました。二〇二一年九月時点で一三〇〇万人を超える人々とスポーツの価値を分かち合うことができたと報告されています。

私たちは、この人数が過大なのではないかと疑い、事務局の独立行政法人日本スポーツ振興センター（ＪＳＣ）に情報開示を請求しました。

開示された資料を見ていると、おかしな事例がいくつか出てきました。バングラデシュの難民キャンプにボールを一二六個寄贈して一二万人が恩恵を受けたという報告がありましたが、これだとボール一個を一〇〇〇人に近い人数が使っていたことになる。水増しというより粉飾に近いですよね。ほかには、ベトナムの商業施設で催したスポーツ関連の展示会に一一万人が参加したという報告がありました。出展者に確認すると「分からない」「数えられないはずだ」といいます。当日の写真ではとてもそんな人数が参加しているように見えない。調べてみると、イベント会場は施設の一部なのに商業施設全体の来場者を実績としてカウントしたということがわかりました。このような不正確な集計を重ねていながら、一三〇〇万人に恩恵があったとして、二〇二二年度に後継事業を始め予算が付いている。実態を反映しない「成功」が、新たな国費投入を招いているのです。

## 四　〝嘘〟を突き止めて真実を報道する役割

### 記者が使用する資料

では私たちが検証に使っているオープンデータがどのようなものか、以下に例示していきます。

e-Statは政府の統計の総合窓口です。

官報には国の入札情報、法律の改正、企業の決算公告、破産者情報などさまざまな情報が出ています。面白いところでは旅券返納命令が出された人の名前や、身元不明の「行旅死亡人」の情報も掲載されます。

国費解剖シリーズの取材班は財務省の予算書・決算書データベースを頻繁に使いました。国会会議録検索システムは、過去も含めた国会でのやりとりを検索・閲覧できるので、国会議員の興味や問題意識がどこにあったのかを知ることができます。

国立国会図書館インターネット資料収集保存事業（WARP）では、過去のウェブサイト上にあった資料の多くが保存されています。ウェブサイトは頻繁に更新・削除されますが、これはそれらを定期的に収集・保存してくれているため、すでにホームページ上では消えた情報でも遡って調べることができます。国がすでに持っていないと言っている情報でもここで探せば見つかることがあります。

オープンデータは多数公開されていて、それが存在している場所を知っておくとさまざまな情報をたぐりよせることができます。記者に限らず学生のみなさんにも非常に役立つのではないでしょうか。

## オルタナティブデータを活用

近年、注目されているのがOSINT（Open Source Intelligence）です。一般に公開されている情報を収集・分析する手法で、もともとは諜報活動をめぐる用語です。最近では政府や自治体、企業が公表している資料や統計だけでなく、衛星画像、ＳＮＳの画像・音声データ、通信データなど「オルタナティブ（代替）データ」が使われます。独自の技術を使ってこの種のデータを収集し、提供・販売する民間企業も増えています。

一例を挙げます。私たちは二〇二〇年に東京都調布市で起きた道路陥没事故の原因を探ろうと、「干渉ＳＡＲ」という衛星技術で収集されたデータを使ったことがあります。衛星から地表に向かって発した電波と跳ね返ってきた電波の位相を計算して、地表の変化を捉えることができます。

当時の事故現場の地下では東京外郭環状道路（外環道）の巨大トンネルの掘削工事が行われていましたので、陥没事故との関連が疑われました。陥没事故発生前後の衛星画像をこの技術で比較・解析したところ、事故地点の地下が工事で掘削された直後に現場の地表が沈んだことがわかり、掘削工事との関連を指摘することができました。

## ロシアのフェイクニュースの拡散を分析

ロシアのウクライナ侵攻に関する調査報道でもＯＳＩＮＴを活用しています。ウクライナ侵攻前の二〇二二年二月、「ウクライナの破壊工作員がロシアの塩素タンク爆破を試みた」「ウクライナ軍からの攻撃が激化……」といった投稿が、旧ソ連圏で広く使われているＳＮＳ上で目立ちはじめました。日経はこれらの投稿がフェイクであること、またどのように拡散していったのかを、さまざまな画像・SNS分析技術を使って解き明かしています。

これらのフェイクニュースは、まず政府系のアカウントが投稿したものを政府に近い専門家がリツイート、それを情報工作用とみられるアカウントを使って拡散するという手法が取られていました。画像・動画自体も、解析してみるとほとんどがフェイクといっていい代物であることがわかりました。ウクライナ側からの砲撃とされていた着弾音も、日本音響研究所の協力で分析したところ、極めて不自然なものでした。ほかにもウクライナのゼレンスキー大統領が投降を呼びかける偽動画もありました。

船舶の通信記録なども見ることができます。これによって、北朝鮮との関係が深く疑われる船舶が日本の港に何度も入港していた事実を報じました。通関データベースを入手すると、アメリカの半導体が中国経由で大量にロシアに流入していることが判明しました。ロシアへの経済制裁に大きな抜け穴があるのです。

今後オープンデータはさらに多様化し、情報の統制が難しくなっていくと思います。力で制御しようにもつじつまを合わせられず、さまざまなオルタナティブデータによって、すぐにバレてしまうようになっています。真実をあぶり出していくという意味では、我々にとって非常にやりがいのある時代がやって来たのではないでしょうか。

## 真実を見抜く力を磨く

オープンデータを見る際には、あるデータとほかのデータを照らし合わせることで事実が浮かんでくるということが多いです。コロナ病床補助金の問題は病床使用率のデータと補助金支給のデータを組み合わせることで明らかにしました。

また、データ分析だけで真実が見えてくるわけではありません。リアルな取材と組み合わせてこそなのです。実際に足を運んで取材しなければ決して真実に近づくことはできないのです。

「権力」は嘘をつくものです。公文書や印刷物などの内容をねじ曲げたり改ざんしたりといったことが頻繁に起きています。国が出しているデータが一〇〇%正しいとは限らないわけです。恣意的な要素が混じっていることもあります。常に視点を変え、多角的に物事を捉えていく必要があります。私たちはそういう姿勢を忘れず、真実を見抜く力を磨いていかねばなりません。

## ❖講義を終えて　権力の嘘を見抜く力が必要

受講生のみなさんからは、税金の使われ方が不透明で、巨額の無駄が潜んでいることに驚いたとの感想を多くいただきました。「権力は嘘をつく」という私の言葉が印象に残ったというコメントも目に付きました。この指摘は調査報道に携わる記者であれば肝に銘じていますが、政府や企業は常に正しいことを伝えているはずだと考える人が少なくないのも事実なのでしょう。講義ではこの点に時間を割かなかったので、少し触れます。

二〇一一年三月のことです。東日本大震災を受け、東京電力福島第一原子力発電所で爆発事故が起きました。その前に巨大津波によって全電源が停止し、冷却水で炉心を冷やせなくなっていました。そのままでは冷却水が沸騰し、核燃料が自ら発する高熱によって溶け落ちる炉心溶融（メルトダウン）に至ります。原発が破損し、大量の放射性物質が屋外に飛散すれば、多くの国民の命が危険にさらされます。しかし、政府や東電は記者会見などで、メルトダウンが起きていることをなかなか認めませんでした。

実際は事故直後からメルトダウンが起きていました。後に判明しますが、東電は発生から三日後に実態を把握していました。政府も同様です。にもかかわらずメルトダウンを認めたのは二か月後でした。

爆発事故で放射能はまき散らされました。政府は放射性物質の広がりを予測するシステムを稼働させ、どの地域にどの程度、どれほどの時間をかけて拡散するかをほぼ正確に捉えていました。ところが分析結果を発表したのは地震発生から一二日後。その間、飛散量が多い地域に逃げた被災者がいました。迅速に結果を知らされていれば、被曝量は少なくて済んだはずです。政府は重要な事実を隠していたのです。

政府や東電には「事実を知らせると国民がパニックに陥る」という理屈がありましたが、本当の情報を伝えなければ疑心暗鬼に陥り、逆にフェイクニュースが流布するリスクが高まるのではないでしょうか。

「国費解剖」取材班は、国や自治体が残した記録やデータは不完全で、誤りが多いことを思い知らされました。国民の検証を妨げようとしているのではないかと疑いたくなるほどです。政府や自治体、企業が常に正確な情報をタイムリーに伝えているわけではないことを認識すべきなのです。メディアは権力の嘘や隠し事、誇張を見抜く能力を高めなければなりません。

経済や政策を巡る問題は複雑です。こうした問題に関心を持ってもらうため、メディアはどうすればよいかを受講生のみなさんに問うたところ、いくつかご意見をいただきました。

まず、私たちの身の回りに起きていることに引き付け、具体的なエピソードで問題を示してほしいという要望です。データの羅列ではなく、身近な問題と照らし合わせて解きほぐしていく努力を欠かしてはなりません。

もう一つはもっとビジュアル表現で工夫をこらしてほしいという指摘です。デジタル媒体は読者の操作でビジュアルやデータの見せ方を変えられる双方向性を備え、ビジュアルの点数や大きさに制限はありません。私たちは複雑な問題に対する理解を深めてもらうために、もっと表現手法を磨く必要があります。

講義を通じて、私自身大きな気づきを得ることができました。この場を借りて、感謝申し上げます。メディアが信頼を得るには、真実に迫る地道な取材と読み応えのあるコンテンツを一つひとつ石垣のように積み上げていくしかありません。その努力を私たちは続けていきます。

## 2 テレビにおけるデジタル調査報道の可能性
### ――ミャンマー軍の弾圧の実態に迫る

NHK プロジェクトセンター チーフ・プロデューサー
善家　賢

### 一 オープンソース（公開情報）を活用するOSINTとは

#### テレビの報道番組の現在

私は一九九五年、NHKにディレクター職で入局して以来、ずっと報道畑を歩んできました。NHKの報道ディレクターやプロデューサーが携わるのは、「おはよう日本」「ニュース7」「ニュースウォッチ9」といったニュース番組。そして、「クローズアップ現代」や「NHKスペシャル」など、ドキュメンタリーから調査報道まで幅広く扱う番組があります。

この報道現場のあり方を大きく変える可能性を秘めているのが、今日、お話をするＯＳＩＮＴ（Open Source INTelligence）です。これは、インターネット上のさまざまな情報や、ＳＮＳ上の動画や写真、衛星画像など、誰もがアクセスできる「公開情報」を活用して調査をする手法で、もともと各国の情報機関などが使っていたものです。ここ数年、『ニューヨークタイムズ』や『ワシントンポスト』といった海外メディアをはじめ、日本でもＮＨＫなどのテレビ局や、『朝日新聞』『毎日新聞』『日本経済新聞』など新聞各社が活用するようになり、ある種のブームになっています。特に、ウクライナ侵攻以降は、ＯＳＩＮＴという言葉を頻繁に耳にするようになっています。

そもそも、従来の取材では、記者やディレクターが現地を訪れ〝リアル〟で取材・撮影を行い、その結果をテレビ番組や新聞記事にまとめるというのが主流でした。しかし、実際、自由な取材が難しい地域というのは世界各地に存在します。それは、紛争地であったり、独裁政権下で厳しい報道規制が敷かれた国々だったりしますが、ＯＳＩＮＴは、そうした取材が困難な地域でも、デジタル技術を駆使して、真相に迫れるオルタナティブな手法といえます。

## ＯＳＩＮＴが活用されたきっかけ

各メディアがＯＳＩＮＴに飛びつくきっかけを作ったのが、「ベリングキャット」という国際的な調査団体です。二〇一七年、ウクライナ東部上空でマレーシア航空機がミサイルで撃墜されて乗客乗員二九八人が亡くなった事件がありました。ベリングキャットは、この日、何が起きたのかを、現地に行かず、インターネット上の情報や、SNS上の動画や写真、衛星画像などを使って調べ、ロシアの関与があったことを明らかにしたのです。しかも、驚くべきは、彼らはプロのジャーナリストではありません。もともと〝ゲーマー〟だった人などが、本職のジャーナリストができなかったことをやってのけたのです。この衝撃的な出来事がきっかけになり、世界中のメディアがOSINTに取り組むようになりました。

OSINTを活用した報道で、最近、最も注目されたのは、キーウ近郊のブチャとその周辺で四〇〇人以上の遺体が発見されたという〝ブチャの虐殺〟に関するものです。ブチャでは、二〇二二年三月末までにロシア軍が撤退し、ウクライナ軍が奪還しましたが、その際、民間人の遺体が道路に散らばり、集団埋葬地も見つかったため、〝ロシア軍による虐殺〟が疑われ、〝戦争犯罪〟だとして非難されました。それに対して、ロシア側は「地元住民が暴力行為にあったことはない」と否定。そこで、『ニューヨーク・タイムズ』が衛星画像を調べたところ、ロシア軍がブチャにいたときからすでに路上の遺体は同じ場所にあったとして、ロシア軍の関与を指摘したというものです。

この例のように、いまやOSINTに不可欠な衛星画像は、民間の衛星会社がメディア各社に提供してくれるまでになり、以前に比べると格段に使いやすくなっています。また、スマートフォンや各種アプリをはじめ、さまざまなデジタル・ツールが発達したおかげで、「ジオロケーション」

などの手法も可能となり、デジタル調査報道の可能性が広がったのです。

そうした潮流のなかで、ＮＨＫスペシャルとして初めて本格的にデジタル調査報道を行ったのが、二〇二〇年一二月放送の『謎の感染拡大――新型ウイルスの起源を追う』でした。この番組では、新型コロナウイルスが、いつ・どこで発生し、どう広がったのかを調べるために、ＯＳＩＮＴの手法を使いました。そして、その後、ＯＳＩＮＴを活用して展開したのが、ミャンマー情勢をテーマにした三本のＮＨＫスペシャルのシリーズです。その他、中国や北朝鮮など、主にアジアを中心とした調査報道に加え、ウクライナの戦況や、ロシア軍の内実を探った調査報道の番組も制作してきました。今や、現地取材とＯＳＩＮＴは、車の〝両輪〟として補完し合う存在となり、私たち報道現場にとって、なくてはならない手法となっているのです。

## 二　ＯＳＩＮＴでミャンマー軍の矛盾を暴いた『緊迫ミャンマー』

### 入国できないミャンマーの実態をつかむために

二〇二一年四月、今日の講義のメイン・テーマとなるミャンマーシリーズの第一弾『緊迫ミャンマー――市民たちのデジタルレジスタンス』を放送しました。

その経緯から説明します。二〇二一年の二月一日、ミャンマー軍によるクーデターが突如発生し、世界に衝撃が走りました。当然、私たちも日本から取材に行くべきだと考えましたが、軍が非常事態宣言を発令し、国際便の渡航が禁止されるなど、行くに行けない状況に直面しました。そこで、まずは、現地のジャーナリストやリサーチャー（現地の言葉を話すことができ、番組の取材などを手伝ってくれる人）の協力を得て、軍に抵抗する若者たちのドキュメンタリーをクローズアップ現代で制作。その後も状況を注視していましたが、二月中旬から死者が徐々に増え始め、三月に入ると一日で三八人もの市民が軍に殺害されるなど、弾圧はエスカレートする一方でした。そこで、私たちはＮＨＫスペシャルでも、この惨状をしっかりと取り上げなければならないと考え、制作に乗り出すことになりました。

ただ、この時点で、放送までは一か月あまりしか時間がありませんでした。しかも、現地で直接取材ができない中で、どうすれば弾圧の実態に迫ることができるのか、途方に暮れていました。このように現地に行けない場合、通常、私たちはよく現地メディアが報じている情報や映像などを片っ端から集めるのですが、ミャンマーの国営放送ＭＲＴＶは、クーデター後、軍の〝プロパガンダ〟に使われるようになっていて、日々報じられる現地の状況や市民の死者数などが、人権団体が発表しているものとまったく違っていたため、それを鵜呑みにはできませんでした。そうしたなか、私たちは、ミャンマー市民たちが、自らのスマートフォンを使って、軍の弾圧の実態を撮影し、Twitter（現X）やFacebookなどのＳＮＳに投稿して、世界に告発していることを知りました。そこで、これら〝決死の動画〟を使えば、現地の実態を描けるのではないかと考えたのです。

## OSINTチームが動画や写真をファクトチェック

私たちはまず、SNS上の動画や写真を収集して検証するOSINTチームを新たに作り、作業を急ぎました。というのも、投稿された動画や写真がどんどん削除されていたからです。それは、軍が検閲して強制的に削除したケースもあると思いますし、軍に狙われるのを警戒した市民が、投稿後に自ら削除したケースもあると思います。ですから、私たちは、とにかく削除される前に、番組で使えそうな貴重な動画をどんどん見つけて、どんどん保存していくという作業をずっと続けていました。

ここで強調したいのは、〝ファクトチェック〟の重要性です。こうした動画のなかには、フェイクが混ざっていることも多々あるので、いつ・どこで・誰が撮影したものなのかを調べていく必要がありますが、この検証作業が困難を極めました。膨大、かつ、暴力的な映像を一つひとつチェックするのは肉体的にも精神的にも大変でした。しかし、このファクトチェックの作業をおろそかにすると、NHKとして報じることができないので、ミャンマー語ができるスタッフにも加わってもらって、注意深く検証を続けました。

そのうえで、これらの動画を、四九分のドキュメンタリーのなかでどのように位置づければ、現

写真１　デモで銃弾に倒れる前のエンジェルさん

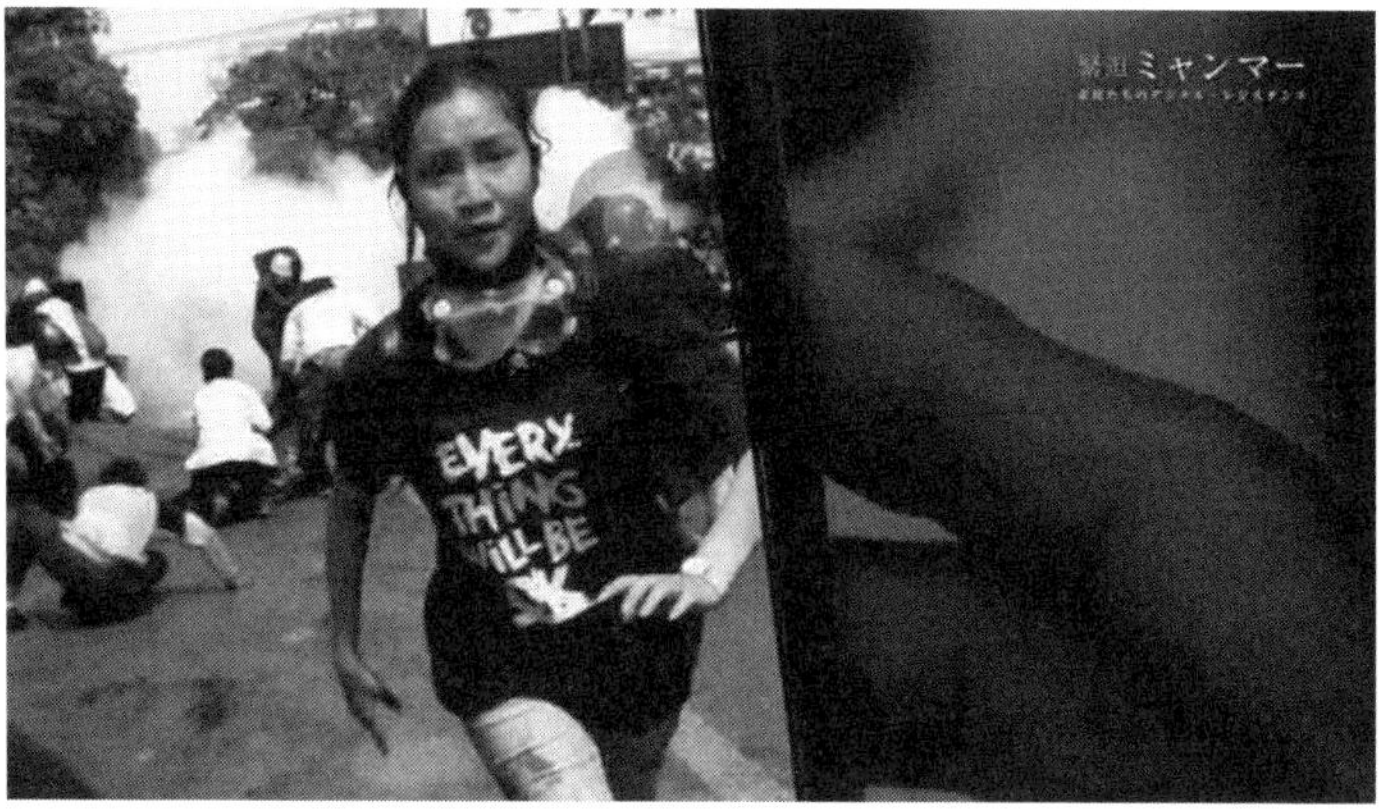


（出所）NHK

地の状況を正確に、かつ、効果的に伝えることができるのかを考えていきました。そのためには、ストーリーラインを決める必要があります。動画一つひとつは衝撃的ですが、それらをただ闇雲に並べても、軍による残虐な行為を映し出した動画が続くだけになってしまうため、どの動画を使って、何をどのように伝えればいいのかについて議論を重ねました。その結果、私たちは、ある一九歳の女性が、抗議デモの最中、何者かの銃弾によって殺害された事件に焦点を当てて伝えていくことに決定しました。

その女性は、三月三日にマンダレーで死亡したチェー・シン（通称エンジェル）さんです。私たちが、この女性に焦点を当てようと考えたのは、彼女の死が、ＳＮＳなどを通じて、世界中から注目されていたためです。発端となったのは、ミャンマー軍が、彼女の墓を掘り起こして遺体を検死したという出来事でした。軍は、検視の結果、摘出された銃弾は、軍や警察が使っているものではなかったと主張したのです。さらに、この女性は後頭部を撃たれているが、そもそも治安部隊はデモ隊と向き合っていたため、後頭部を撃つことはあり得ないとして、犯人は、軍ではなくデモ隊の側にいたとも主張しました。しかし、これらの説明は明らかに不自然な点がありました。

## 一九歳の女性が殺害された状況を検証

そこで、私たちは、彼女がどのように亡くなったのかをOSINTで検証しようと考え、改めて、SNS上で関連する動画を徹底的に探しました。まず、Facebook Liveで、その日のデモの様子を伝える動画があったので、そこから時系列を整理すると、当初、軍の治安部隊が、町の三〇番通りを挟んで、デモ隊とにらみあっていたという位置関係がわかってきました。そして、一一時三〇分を過ぎると、軍が前進してデモ隊を三一番通りまで後退させます。このときのエンジェルさんの動画や写真を探し続けたところ、一一時五〇分過ぎから一一時五九分の間に撮影された複数の動画や写真が見つかり始め、そのなかに、決定的な二枚の写真がありました。一枚目は、三〇番通りと三一番通りの間をデモ隊と共にエンジェルさんが後ずさりしている写真、二枚目は、エンジェルさんが複数の市民に抱きかかえられている写真でした。これら二枚の写真が撮影された時間は、一枚目が五九分、二枚目が五九分三五秒。ですので、この約三〇秒の間に撃たれたのではないかと推測で

写真２　動画・写真が撮影された時間と場所を特定

（出所）NHK

きました。そこで、この三〇秒の間に彼女をとらえた動画や写真がないかをさらに探したところ、ある一つの動画が見つかりました。

その動画に映し出されていたのは、エンジェルさんが治安部隊を背にして走って逃げる途中で突然地面に倒れる姿でした。しかし、倒れたことはわかるのですが、銃弾に撃たれたかどうかまではわかりません。銃声らしき音が聞こえるのですが、音がそれほどクリアではなく確信が持てませんでした。そこで、私たちは撃たれた瞬間を撮影した動画を探し続けましたが、結局、入手できず、その代わりに同じタイミングで撮影した違う動画を見つけました。そこには、エンジェルさんは写っていませんでしたが、先の動画より音声がクリアに記録されていたため、私たちはその音を詳しく分析することで、それが銃声なのかどうかを調べようと考えました。複数の専門家に分析してもらった結果、動画には、三回の発砲音が記録されており、その三発目が自動小銃による発砲音だったことがわかりました。そのときの治安部隊の写真と照らし合わせたところ、実際に部隊は自動小銃を抱え持っていました。こうした検証に加え、現場に居合わせた証言者を改めて探し、目撃証言も集めました。そのなかに、エンジェルさんが撃たれた瞬間を目撃したという若者が見つかり、その証言も総合することなどで、エンジェルさんは軍の銃弾に撃たれて死亡した可能性が高いことが明らかになったのです。ここで大事なことは、現場で取材していない分、どう〝ウラ〟を取るかが非常に肝要となります。そのため、私たちがＯＳＩＮＴを活用する場合は、必ず目撃者などの証言とセットで使うことを心がけています。極端に言うと、目撃証言をはじめ信頼に足る〝証拠〟がないものは使えないという姿勢でやっています。

## 三　ミャンマー軍の情報統制が強まるなかで制作した第二弾

### ＳＮＳに投稿されたミャンマーからのヘルプ

ミャンマーシリーズの第一弾の放送後、今度は、ミャンマーのバゴーという地方都市をめぐって、「SAVE BAGO!」という投稿がＳＮＳで拡散しました。国連や世界の主要メディアも、バゴーという町で、軍による苛烈な弾圧が起きていることは報じていましたが、現地で何が起きたのか、その詳細はわからない状況でした。しかも、この時も、国営テレビと人権団体との発表はまったく異なっていました。人権団体は、八二人の市民が死亡したと発表しましたが、国営テレビは、軍側の治安部隊が二人負傷し、市民側は一人が死亡したという報じ方でした。

そこで、私たちは、第二弾のNHKスペシャル『混迷ミャンマー――軍弾圧の闇に迫る』を制作することを決定。今回も、OSINTの手法を使って調査を始めようとしましたが、驚いたことに、SNS上の動画が激減していました。軍が情報統制を強め、スマートフォンで撮影している市民を銃撃したり、拘束したりということをやり始めたのです。軍の弾圧を告発しようとするだけで、殺されたり、捕まったりするため、それを恐れた市民たちによる動画の投稿が減ってしまったのです。そのため、私たちは、なかなかOSINTの手法が活用できないという大きな壁にぶち当たりました。

## 現地発の動画を集める特設サイトの設置

どうすれば、この難局を乗り越えることができるのか？　このとき、私たちが頼ったのが、OSINTが持つ「シェアの精神」です。それまでニュースの現場では、メディア同士はつねにライバルで、どの社が独自のスクープを報じるかを競い合ってきました。しかし、OSINTは違います。これが、新しさの一つなのですが、会社や組織の壁を越え、協力して真実を解き明かしていこうと

写真３　バゴーを包囲した軍の動きを示す

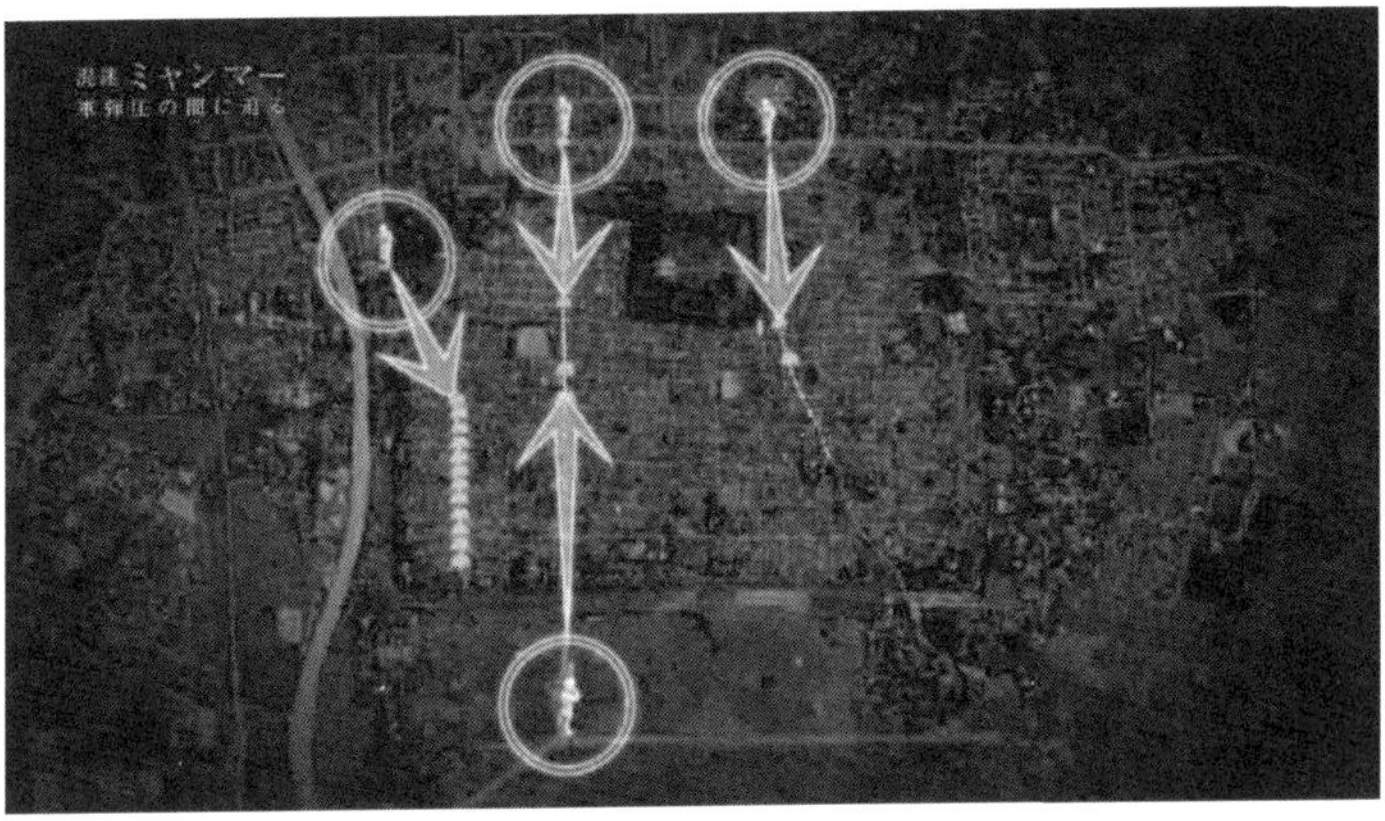


（出所）NHK

いう、いわば、「シェアの精神」が尊重される世界なのです。

まず、私たちが連携したのは現地の独立系のローカル・メディアでした。それから、ベリングキャットの調査員、ベンジャミン・ストリック氏による団体「ミャンマー・ウィットネス」とも共同で調査を行うことにしました。

また、動画が減っていることに対しては、私たち自身で、インターネット上に特設サイトを作り、動画や写真などの提供を呼びかけました。もちろん、セキュリティを厳重にして、情報提供者の身元が割れないように気をつけました。さらに、一人でも多くの目撃者を探す努力もしました。

こうした地道な作業からみえてきたのは、軍が、バゴーの街全体を包囲し、抵抗する市民に対して、無差別な攻撃を行っていた実態でした。軍隊が自国の市民を一日で八二人も殺したのです。そこでは、殺傷能力が高い兵器が使われるなど、軍事作戦さながらの攻撃が行われていたのです。

## 軍系企業の財務状況のデータに辿りつく

第二弾の『混迷ミャンマー』では、弾圧の実態に加えて、軍がなぜクーデターを起こしたのか？といった疑問にも焦点を当てました。

軍は表向き、クーデターを起こした理由を、二〇二〇年一一月に行われた総選挙で、アウン・サン・スー・チー氏率いる国民民主連盟「ＮＬＤ」が不正を行ったためだと主張しています。しかし、ミャンマーのチョー・モー・トゥン国連大使は、私たちのインタビューに対して、本当の理由は「自分たちの利権を奪われないようクーデターを起こした」と指摘。大使によると、アウン・サン・スー・チー氏らが軍の利権構造を壊そうとしたため、それを阻止しようとクーデターを起こしたというのです。それでは、軍の利権とはどのようなものなのか、カネの流れはどうなっているのかを、私たちは調べることにしました。

その手がかりとしたのが、軍系企業ＭＥＨＬの収入や財務状況などが記された機密文書です。これは、ある一人の〝ホワイト・ハッカー〟によってリークされたものですが、その人物は「この極秘文書を世界中の報道機関や人権団体などに調べてほしい」という思いから、公開に踏み切ったものでした。私たちは、その人物に直接コンタクトを取った上で、機密文書の内容を分析。すると、二〇一九年時点で、軍系企業MEHLの株主三八万人のうち九割以上が軍人や退役軍人で、その配当も各地の部隊に支払われるなど、莫大なカネが、軍人や軍の組織に渡っていたことが判明しました。

## 動画は〝戦争犯罪〟を立証しうる貴重な資料

さらに、第二弾の『混迷ミャンマー』では、市民たちがSNSに投稿した動画などが、国連人権理事会の「ミャンマー独立調査メカニズム」によって〝戦争犯罪〟を追及する材料として使われていることを伝えました。彼らは、膨大な動画を収集し、軍による市民への弾圧や無差別攻撃が〝戦争犯罪〟に当たるのかを調べる作業を行っています。実際に、私たちが取材した時点で、二〇万件以上の通報があり、一〇〇万件の動画や写真が集まってきているといいます。当然、それぞれの証拠を精査するのに時間がかかるため〝戦争犯罪〟を立証するまでにはかなりの時間を要しますし、かつ、軍の指導者や幹部が命令したという因果関係を立証するのは、相当、難しいことだといいます。

しかし、市民がスマートフォンなどで撮影した動画や写真がここまで集まるというのは、デジタル技術が発達した現代ならではのことですし、同様に、私たち自身も、彼らが撮影した貴重な動画を保存し、なるべく多くの人たちに見て欲しいという思いから「What's Happening in Myanmmer?」という特設サイトを作り、番組などで使用した動画をいつでも閲覧できるようにしました。こうした取り組みについて、「ミャンマー独立調査メカニズム」に伝えたところ、非常に参考になるとして、国連のリポートなどでも言及してくれるなど、ここでも「シェアの精神」がいかされる形となりました。

## 四　長期化するミャンマーの内戦に関心を持ってもらいたい

### ウクライナ侵攻に関心が集まるなかで制作した第三弾

第二弾の放送から半年、二〇二二年二月二四日に、ロシアによるウクライナ侵攻が起き、私たち報道機関も含めて、世界の人々の関心が一気にウクライナ情勢に集まりました。その一方で、ミャンマーでは、抵抗勢力と少数民族が手を組んで軍と戦い、内戦が泥沼化していました。当時、避難民も六〇万人を超えて、国連も「深刻な人道危機だ」と警鐘を鳴らしていました。

現地の市民はもちろん、日本に住むミャンマー人たちからも「ミャンマーへの関心が薄れてしまうことが最も怖い」という悲痛な声が上がっており、私たちは、同じアジアの一員として、この問題を継続して取り上げる必要があると考え、ミャンマーシリーズの第三弾を制作することを決めました。ただ、今回は、世界の目がロシアやウクライナに注がれるなかで、どのようにミャンマーに関心を持ってもらえばいいのかというところから改めて考える必要がありました。そこで注目したのが、ミャンマー軍とロシア軍の深い関係です。ミャンマー軍が、ロシア軍から供与された兵器を使って市民を殺害していることが証明できれば、ミャンマー情勢もウクライナでの戦争と地続きであると示すことができ、より関心を持ってもらえるのではないかと考えたのです。

## 兵器でつながるミャンマー軍とロシア軍

このとき、すでに国連では、ロシアや中国、セルビアなどが、市民が殺されると知りながら、ミャンマー軍に兵器を供給しているとして非難していました。そこで、私たちは、ＯＳＩＮＴの手法を使って、実際にロシアなどが今でもミャンマーに兵器を供給していて、その兵器が、市民への攻撃に使われていることを証明しようと調査を行いました。その結果、ミャンマー軍の基地の衛星画像や、市民が空襲を受ける動画などから、ロシア製の兵器が市民への空爆に使われていることを立証することができました。

それに加えて、番組では、内戦が長期化するなかで、みなさんと同年代の若者たちが「ＰＤＦ＝国民防衛隊」に加わり、戦場に立っている実態も伝えました。番組を制作した時点で、その数は二万五〇〇〇人といわれていました。なかでも、私たちが取材した一七歳の少女は「お母さんには反

**写真４　国民防衛隊に加わった17歳の少女**

（出所）NHK

対されています。でも、独裁者の下では生きたくありません」と語り、銃を手に軍と戦っていました。本来なら、学校や会社などに通い、普通に暮らせるはずの若者たちが、抵抗勢力として銃を持ち続け、一人また一人と、命を落としている実態があるのです。私たちが、ミャンマー情勢について報道し続けるのは、こうした現実を忘れてはいけないと考えているためです。今回、第三弾のタイトルを〝反語的〟な意味を込めて『忘れられゆく戦場――ミャンマー泥沼の内戦』としたのには、こうした思いがありました。

私は、長年、国際番組を制作し続けてきましたが、日本人にとって関心が高いアジアの国といえば、中国や韓国、北朝鮮などです。一方、それらに比べると、ミャンマーや、アフガニスタンといった内戦や紛争が続いてきた国々への関心は、一部の人を除いて、そこまで高いとはいえないと感じています。ただ、関心が薄いからといって、報道をしなくていいということではありません。むしろ、関心が薄いからこそ、公共放送であるＮＨＫが、一人でも多くの人に関心を持ってもらえるよう報道すべきだと考えています。そして、どのような番組だったら、多くの視聴者に見てもらえるかを、日々、考えています。

## 五　ＯＳＩＮＴで調査し、見えてきたもの

### 新疆ウイグル自治区の動画

最後に、ＯＳＩＮＴを活用した他の事例をいくつかご紹介しておきましょう。

ＮＨＫスペシャル『中国新世紀　第５回〝多民族国家〟の葛藤』では、新疆ウイグル自治区の人権状況を扱いました。そのなかで、自治区の共産党宣伝部などが運営するネットメディアがさまざまな動画を掲載していることを取り上げましたが、そこには、ウイグル族が幸せに暮らしていると住民などがアピールする動画が四〇〇〇本もありました。どの動画も内容が非常に似通っていて不自然だと感じた私たちは、これは共産党の〝プロパガンダ〟かもしれないと考えました。そこで、これらＳＮＳ上の動画をすべてＡＩで解析したところ、三〇〇〇本の動画で「幸福」「自由」「安定」「豊か」といった共通の言葉が使用され、その内容も非常に似通っていました。また、欧米各国が、

写真 5　日本のEEZのそばで格子状に動く中国船の航跡

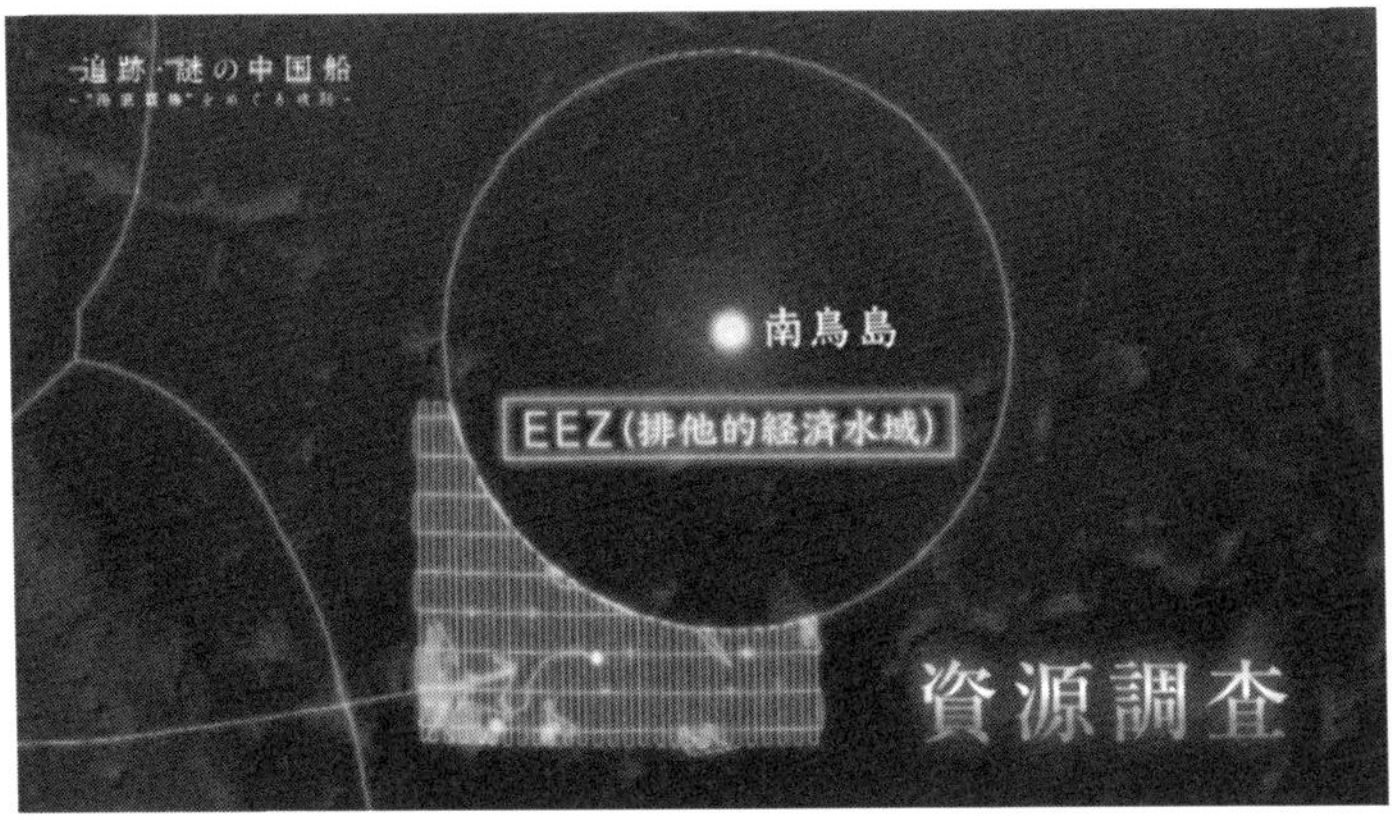


（出所）NHK

綿花などの製品が強制労働で生産された疑いがあるとして批判を強めた際には「私たちのふるさとには強制労働などない」と住民などが話す動画が多数掲載されましたが、使われている言葉の八割以上が一致している動画が、多数見つかりました。さらに、同じ時刻に、まったく同じ投稿を行っているボットと見られる不審なアカウントも二〇〇以上見つかるなど、宣伝工作をしている疑いも浮上。私たちが取材した専門家は、中国共産党がネットを使った情報発信や宣伝工作によって、国際的な批判をかわそうとしていると分析しました。

## 中国や北朝鮮の船の動きが詳細にわかる

また、ＯＳＩＮＴで最近よく活用しているのが、船の動きの分析です。ＮＨＫスペシャル『謎の中国船――〝海底覇権〟をめぐる攻防』という番組では、船が発信するＡＩＳ（自動船舶識別装置）を一〇年分入手し、船の動きを可視化しました。みなさんも、日本近海で中国の調査船が停泊しているというニュースを見て、一体、何をやっているのだろうと思ったことはありませんか？

私たちは、こうした中国船の動きを可視化して分析すれば、彼らの狙いがわかると考え、調べてみることにしました。すると、これらの調査船は、海の下に眠るレアアースなどの海底資源を調査していることがわかりました。レアアースは、ＥＶや半導体にも必要な鉱物資源で、特に南鳥島付近に多く眠っています。そこでは、中国の調査船が、日本のＥＥＺ（排他的経済水域）のすぐそばまで来て詳細に調べていることがわかりました。まだ、海底の鉱物資源を商用化する技術は確立されていませんが、中国は、将来を見据えて、そうした資源の獲得を狙っていることがわかりました。

この航跡データの分析については、ＮＨＫスペシャル『金正恩の北朝鮮――〝先鋭化〟の実態を追う』でも活用しました。北朝鮮の〝制裁破り〟について調べるためです。北朝鮮が制裁の〝抜け穴〟として、中国企業との取引を行っているのではないかと指摘されていたため、実際はどうなのかを、北朝鮮の船の動きから調べようと考えたのです。そこで、北朝鮮の船のＡＩＳデータをＯＳＩＮＴで分析した結果、山東省の竜口という港に石炭を運び、中国の業者に渡している疑いが見えてきたのです。国連は、北朝鮮の石炭の輸出を禁止しているため、もし取引されていれば、制裁違反となります。私たちは、中国の石炭業者一〇社以上に接触したところ、そのうち一社が北朝鮮産の石炭を扱っていることを認めました。これも、ＯＳＩＮＴと現場取材を組み合わせることによってできた調査報道となりました。

今回、ご紹介した活用事例はほんの一部ですが、このように、ＯＳＩＮＴを活用すれば、これまでリーチできなかった部分にまでリーチできるようになるため、報道現場にとって、取材のあり方を大きく変えうる可能性を秘めています。ただ、その一方で、現場取材の重要性は変わりません。私たちは、今後も、現場取材とＯＳＩＮＴの両輪で、知られざる事実を明らかにするために、調査報道を続けていきたいと考えています。

## ❖講義を終えて　若い人たちが日本の報道を発展させることに期待

前年に続いて二年連続で講義をさせていただきましたが、今回も、学生のみなさんからの感想を読んで、逆にさまざまな気づきを得ることができました。

私たちの学生時代と違って、今の学生のみなさんは、日々、ネットやSNSからもたらされる膨大な情報のなかで生きています。そうした環境下で、新聞やテレビなどの、いわゆる〝オールドメディア〟に接する時間が減っていくのは〝時代の必然〟なのだと思います。だからこそ、テレビ報道の現場に身を置く者としては「テレビ報道にどんな役割が果たせるのか?」という命題に向き合わなければならないのですが、そのヒントを与えてくれる一つが「OSINT＝Open Source INTelligence」を使った報道手法だと感じるようになっています。それは〝フェイク〟が入り交じり、何が真実かが見えにくくなっている現代において、NHKなどの報道機関が時間と労力をかけてファクトチェックをすることで〝正しい情報〟や〝真相〟を伝える役割を果たすということです。これに関して、講義の感想を読むと、新聞記者を目指しているという学生さんは「ファクトチェックに時間をかけて、確かな情報を発信するという〝報道の基本〟に忠実であることが、ネット時代における〝テレビの信頼性〟を高めるのではないか」という意見を書いてくれました。また、別の方からは「いちばん興味深かったのは、エンジェルさんが撃たれるまでの過程の分析である。OSINTを駆使して一つ一つ的を絞っていく過程は気が遠くなると同時に、報道番組ならではの醍醐味があると感じた」という意見もありました。これらの意見からは、今、テレビ報道に求められているのは、玉石混淆の情報を精査して真相に辿り着くこと。そして、その過程についても透明性をもってしっかりと提示すること。それがメディアの信頼性を高めるのではないかと改めて感じることができました。その一方で、感想のなかには、世界中の市民がネットやSNSを使えば、OSINTerとして調査を行える時代になったことで、逆に報道機関の存在意義を問う意見もありました。それについては相応の訓練や経験を積んだ記者やディレクターが〝プロフェッショナル〟として、質の高い報道を行うことで存在意義を立証していくしかないと感じています。

最後に、今回の講義では、学生のみなさんにグループを作ってもらい、それぞれOSINTで調べたいことを議論してもらいました。そのいくつかを紹介すると「〝電車の通勤ラッシュの状況〟や〝運行トラブルの起きやすい区間〟〝交通事故の起きやすい地点〟〝物価の上昇幅〟など、分析の結果が私達の生活向上に直接役立つような問題を対象としたい」というアイディアや、「全国で強盗事件などが相次ぐなか、犯罪が起こりやすい場所や地域、家の特徴や時間帯などを調査する」というアイディアなどがあり、どれも非常に興味深いものでした。若い人たちが、自分の身の回りの問題について疑問を感じ、OSINT的なアプローチで調査をする。今からそうした発想をもって技術を磨いた彼らが、近い将来、報道機関を支える日が来れば、日本の報道も新たな発展を見せるのではないかという期待が持てる機会となりました。

# 3　VUCA時代のジャーナリズム
## ――ファクトチェックの取り組み

日本テレビ　報道局「真相報道バンキシャ！」チーフプロデューサー
井上幸昌

## 一　ジャーナリズムに押しよせる変化

### 「テレビ屋」としての二六年

まずは私の経歴からお話しします。一九九七年に日本テレビに入社し、最初は政治部記者や『きょうの出来事』などのニュース番組でディレクターをやりました。政治部での担当は与党入りする前後の公明党や自民党の橋本派（現在は茂木派）で、入社早々の私には荷が重く、とにかく他局・他紙に追いつくべく人脈を増やし力を付けていく、そんな若い頃でした。今とは違い、当時は少数の幹部に権力が集中し、その一挙手一投足で政治が大きく動く時代で、最大の権力者だった自民党の野中広務幹事長を二年ほど担当しました。その後も副長官時代の安倍晋三さんや自民党の選対委員長だった菅義偉さんの番記者など、力のある政治家を担当しました。他の政治記者と少し違ったのは政策報道に力を入れたことでしょうか。映像とナレーションがセットになった完パケというものを作るのが好きだった私は、特殊法人改革とか教育改革などに取り組みました。

その後『NEWS ZERO』や夕方の『news every.』のデスク、選挙特番『zero選挙』も長く担当しています。二〇一七年一二月から三年間はトランプ政権下の米国にワシントン支局長として赴任し、今は『news zero』の統括プロデューサーをしながら、いろいろな特番を掛け持ちしています（二〇二三年五月現在）。

## 何がわからないかも、わからない時代

今はＶＵＣＡの時代といわれます。先行きが不透明で、将来の予測が困難、変動性（Volatility）・不確実性（Uncertainty）があって複雑（Complexity）で曖昧（Ambiguity）な時代という意味です。

これはもともと軍事分野の言葉です。東西冷戦下、米ソが対立し核兵器を向け合ってお互いを抑止し均衡を保つという時代から、マルタ会談を受けて冷戦が終わった結果、国際情勢が高度に複雑化して民族紛争・地域紛争が頻発し、９・11のようなテロまで起きてしまう。これを当時、軍事と

か国際政治の分野でＶＵＣＡと呼ぶようになったのです。

ビジネスの世界でも、二〇一〇年代に入って先が見えず将来の予測が困難な状況が訪れたことから、ＶＵＣＡの時代と言われるようになりました。先が見えないどころか、何がわからないかさえわからないような状況で、みなが右往左往する。そのなかで消費者のニーズを捉えて、それに応えた価値を提供するサービスや商品を出していく。そういう企業が勝ち残っていく時代になっています。コロナの影響もありますが、やはり最大の要因としてデジタル化が進み、みなさんの価値観が多様化、生活様式もガラッと変化したことがあります。

ビジネスの世界でよくＰＤＣＡサイクルという言葉が使われます。物事を進めるときに、プラン（PLAN）を作成、それを実行（DO）し、チェック（CHECK）して、アクション（ACTION）、つまり改善を行います。このサイクルを繰り返してビジネスを進めていこうというものですが、一方でＶＵＣＡの時代にこんな悠長なことをしていていいのかということが言われるようになりました。そこで出てきたのが、アメリカ空軍の考え方でＯＯＤＡというサイクルです。状況を観察（OBSERVE）、判断（ORIENT）し、意思決定（DECIDE）から行動（ACTION）に移す。これを高速回転させてビジネスを進めていこうというものです。ＰＤＣＡでプランに時間をかけている間に、「状況は変わっちゃってるし、複雑になっちゃってるし、間に合わないよね」と。私も今の時代に対応するのにはＯＯＤＡが必要だと感じています。

## デジタルの力で報道イノベーション

ジャーナリズムの分野でも当然、ＶＵＣＡの時代に突入しています。ジャーナリストの活動は「取材」して「伝える」ことで、民放の場合はそこに「稼ぐ」というのも加わってきます。今「取材」においてはデジタルツールの利用が急速に進んで、すでに主役になっています。二〇二三年五月一〇日夜に、沖縄で光る物体が飛んできて大騒ぎになりましたが、『news zero』でも急遽取り上げました。これは報道ベンチャーが提供しているＤＸサービスを通して覚知したものです。みなさんがTwitter（現Ｘ）等のＳＮＳに上げた画像・動画などの大量の情報を即時に収集・判別して、契約をしているメディアにアラートとして配信するものです。ファクトチェックも行われ信頼性の高い情報が上がってきますので、現在は多くのメディアが加盟・契約しています。何が起きているのか判然としないなか、電話をかけまくって情報収集していた時代から、今は夜中でもこういったデジタルツールを使って世の中の動きを可視化できるようになっています。

ほかにも、オープンソースを使ったＯＳＩＮＴ（Open Source Intelligence）という手法もあります。ネット上に存在している情報をかき集めて、ファクトを突き詰めていくというような活動もジャーナリズムの世界では進んでいます。

## 二　テレビに今、何が起きているのか？

### デジタルメディアの存在感

今、テレビ離れが進んでいます。デバイスが多様化して、情報はテレビでも紙媒体でもなく、スマートフォンから得るという時代になりました。「稼ぐ」という意味でも、テレビの広告費は過去と比べると減少していて、テレビ局の収益源も多様化しています。ビジネスで起きたＶＵＣＡがテレビジャーナリズムでも、今まさに起きています。

電通の「二〇二二年日本の広告費」によると、二〇二一年にインターネット広告の規模が三兆円超となり、構成比では四〇％を超えています。AmazonとかTVer、Netflix、AbemaTVなど、二〇一五年から二〇一六年に日本でサービスを始めたようなデジタルメディアが広告費の世界でも存在感をもつようになっています。ただし、インターネット広告費には、TVerなどテレビ局由来のものや、デジタル経由ではあれども元は雑誌とかラジオ由来の広告というものも含まれるということを付け加えておきます。

一日におけるテレビ視聴の傾向も変わってきていて、最も広告費を稼ぐゴールデンタイム（一九時～二二時）の視聴者数も減ってきています。そして二三時二〇分のあたりでテレビ視聴する方より、スマホ等で動画視聴する方のほうが多くなる傾向があります。『news zero』を担当していますと、確かにその時間帯になると視聴者数が減り始めるのを実感しています。おそらく、この時間にベッドに移って動画を楽しむ方が多くいるということではないでしょうか。

**変わる「生活に必要なメディア」**

みなさんが生活に必要だと感じるメディアも変わってきています。日テレはコア層という一三～四九歳の年齢層の視聴を重視しています。情報感度が高く、購買意欲も高い層ですので、こういった方々がどのような生活をしているのかを私たちは注視するわけです。最新のデータでは上から順に①YouTube、②民放地上波、③Prime Video、④NHKと並びます。このうち私がみなさんと同年代だった頃からあったのは民放とNHKだけです。この二五年でこれだけ新しいメディアが出てきて、生活の中で必要不可欠なものになりました。さらに、一〇代の方は、上から①YouTube、②TikTok、③民放地上波という順になっています。これは学生のみなさまの実感とも近いのではないでしょうか。

## 三　テレビジャーナリズムを時代にフィットさせる

図表1　VUCA時代のジャーナリズム「民放を取り巻く“脅威“」

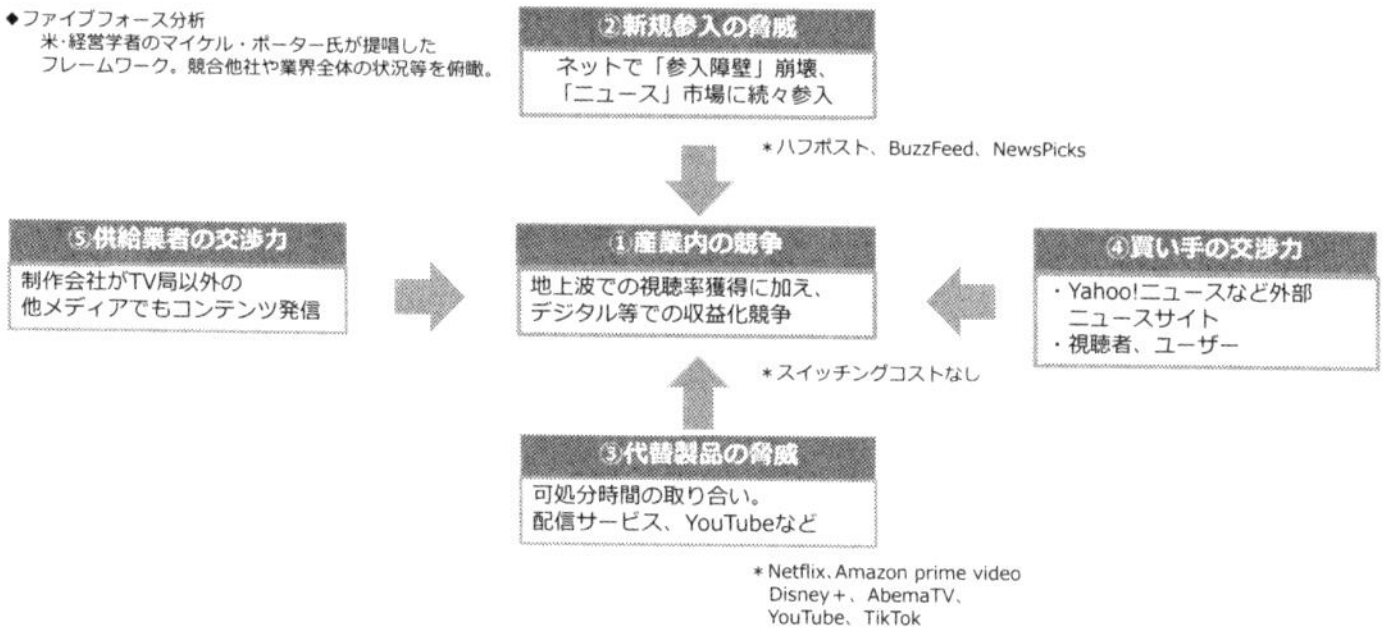
◆ファイブフォース分析
米・経営学者のマイケル・ポーター氏が提唱した
フレームワーク。競合他社や業界全体の状況等を俯瞰。
②新規参入の脅威
ネットで「参入障壁」崩壊、
「ニュース」市場に続々参入
＊ハフポスト、BuzzFeed、NewsPicks
⑤供給業者の交渉力
制作会社がTV局以外の
他メディアでもコンテンツ発信
①産業内の競争
地上波での視聴率獲得に加え、
デジタル等での収益化競争
④買い手の交渉力
・Yahoo!ニュースなど外部
ニュースサイト
・視聴者、ユーザー
＊スイッチングコストなし
③代替製品の脅威
可処分時間の取り合い。
配信サービス、YouTubeなど
＊Netflix、Amazon prime video
Disney＋、AbemaTV、
YouTube、TikTok

## 民放をとりまく〝脅威〟

民放の現況の分析を、米・経営学者のマイケル・ポーター氏が提唱したファイブフォース分析というフレームワークで行ってみましょう。業界全体の今や今後を俯瞰して見てみます。

まず一つ目は「産業内の競争」という視点です。地上波の視聴率競争というのが引き続き基本としてあり、デジタルでの収益獲得競争も大変激しくなっています。

二つ目は「新規参入の脅威」という観点です。テレビ局は、国から許認可をうけた免許のもとでコンテンツを放送するという事業を基本としています。しかし、今は放送波を使わずに映像コンテンツを届けることが当たり前になっています。ニュース市場にも、ハフポストやNewsPicksなど続々と新規メディアが〝参入〟し、動画コンテンツも配信しています。

三つ目の「代替製品の脅威」も重要です。テレビを各家庭にある受像機として見ると、みなさんの貴重な時間をどれだけ割いてもらえるか、つまり可処分時間の獲得競争という視点で考えることも大事です。そうなると、さきほどのNewsPicksとかPrime Video、AbemaTVなども脅威となります。

四つ目が「買い手の交渉力」という考え方です。日テレのニュースがYahoo!やSmartNewsで見られたりしますが、これは日テレがコンテンツを提供して配信料を受け取っている形です。ここでは当然、Yahoo!が買い手ということになり、他のメディアもどうすれば、Yahoo!ニュースで扱ってもらえるかを考えながらニュース制作を行っています。

最後に「供給業者の交渉力」があります。テレビ局は社員数で見るとそれほど大きな企業ではありませんので、制作会社のみなさんと手を携えてコンテンツを作っています。ただ、今はテレビ放送にこだわる必要もなくなってきているともいえますので、他のメディアを使って発信することもできるようになっている、というのが現在の状況です。

### 明確なミッションを掲げる

テレビ局を取り巻くこのような状況のなかで『news zero』が何を目指しているかと言いますと、この四年ほど「ニュースを『じぶんごと』に」をミッションとして掲げて番組を作っています。これは、これからの社会を支える世代のみなさんと一緒に、ニュースを「じぶんごと」として捉え、深め、誰かのために行動したくなるような番組を作りたい、このような思いです。

ミッションというのは、ピーター・ドラッカー氏が『ネクスト・ソサエティ』という著書の中で提唱した、ミッション（M）、ビジョン（V）、バリュー（V）のうちの一つです。この三つの概念（MVV）はとても重要なもので、多くの企業が掲げていますが、特にミッションをはっきりと打ち出せていない企業はお客様に強い価値を提供できていないことが多いように感じます。今後みなさんが就職活動をする際、各企業のホームページを見て、そのミッションに共感できるかどうかも、判断材料の一つになるかもしれません。

## 数ある報道番組——いかにポジショニングするか

もう一つ、フィリップ・コトラー氏が提唱したSTP分析という手法で考えてみます。マーケティングにおいて、やみくもにモノやサービスを提供しても消費者は価値を見出してはくれませんから、お客様をよく見ていきましょうという考え方です。「S」はセグメンテーション、市場の細分化のことです。年齢・性別や住んでいる場所など消費者を細かく分けて、世の中、人々を見てみましょうということです。次は「T」のターゲティングです。セグメンテーションの中から、我々のサービス・商品はこの辺りの層をターゲットとしてやっていきましょうということ。その後、「P」のポジショニングでは、さらに、自分たちの製品やサービスの立ち位置をどこに置きたいかを決定します。ここでは自社の優位性を意識して、いかに他社との差別化を行えるかが鍵になってきます。

では、他局の報道番組と比較して『news zero』はどのようなポジショニングを取っているのでしょうか。『news zero』は従来型のニュース番組のあり方をリデザインしています。その一つがこれまでニュース番組の領域ではなかったカルチャー情報を大事にすることです。リデザインされたニュース番組では社会、政治、経済、国際だけではなく、カルチャー情報も視聴者に伝えるべき価値があるものとなります。人によっては王道ではないと受け止められる方もいるかと思いますが、社会に大きな影響力を与えうるアーティストの動向、思いなどを伝えることは、社会をよくすることにつながる大事な情報だと考えます。そして、『news zero』は二〇〇六年のスタート以来、これからの社会を中心となって支え、担っていく若い世代をターゲットにしています。この差別化されたターゲティングとポジショニングが『news zero』の競争優位の源泉になっていると考えます。

## 未来をよくするためのサービス提供

みなさんもそうだと思いますが、多くの方がデジタルコンテンツに重きを置いている時代ですので、『news zero』でもTikTok、Twitter（現X）、YouTubeなどでコンテンツを配信しています。デジタルの世界でも『news zero』のマインドシェアを高めていく試みです。

『zero選挙』では、ウェブサイトで「2分でわかるあなたの考え方診断」という、いわゆるボー

### 図表2　VUCA時代のジャーナリズム『news zero』

TikTok

フォロワー28.5万人
再生回数540万回超コンテンツも

「ニュースをじぶんごとに」のMissionをデジタルでも。
オリジナルコンテンツも展開し、若い世代にリーチ。

国政選挙・特設サイト

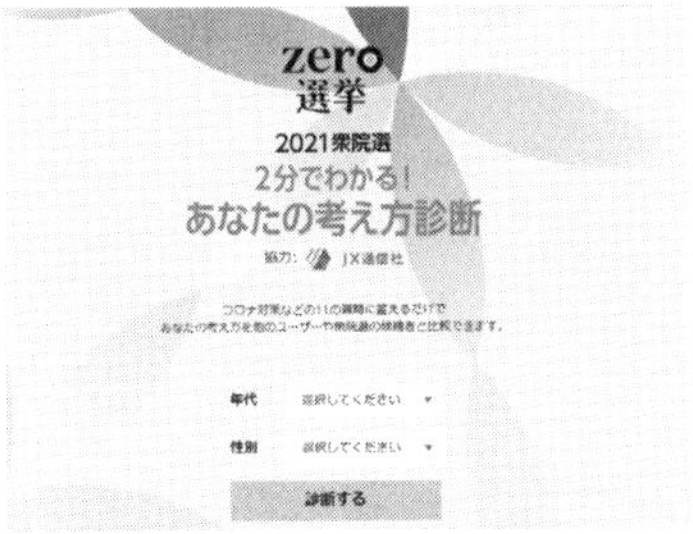


候補者アンケート250万超PV
考え方診断130万PV

よりよい未来を築きたい。有権者がその思いをどの候補者に託せばいいか、判断のヒントを提供する事前報道にも注力。

トマッチと呼ばれるサービスを展開しています。選挙番組を担当していますと、結果ばかり報道していればいいのか、というご批判を受けることがあります。これはその問いかけに対する私たちなりの一つの回答でもあるのですが、みなさんの投票行動に資するサービス・コンテンツを提供できないかと考えて、ＪＸ通信社の協力のもと制作したものです。

ＶＵＣＡ時代のジャーナリズムとは何なのか、どうあるべきかを考えますと、「取材する」「伝える」「稼ぐ」という大きな三つの幹は変わっていませんが、そこに「ユーザーに資するサービスの提供」も大事なポイントだと私は考えています。この講義の前にふと思い「ジャーナリズム」とは何か辞書で調べてみたのですが、「新聞・雑誌・ラジオ・テレビなどで時事的な問題の報道・解決・批評などを行う活動」と書いてありました。どうでしょうか。すでにジャーナリズムはこうした領域を超える存在になっていて、よりよい未来を作るために伝え、サービスを提供する活動になっている、なるべきだと私は思っています。

もしこうしたミッションがジャーナリズムに課せられるとすれば、さきほどのボートマッチもジャーナリズムとしてのサービスになりますし、この後お話しするファクトチェックなどもその一つなのではないでしょうか。私なりの解釈ではありますが、こんな視座をもって、私はジャーナリストの端くれとして働いています。

## 四　ファクトチェックという視点を広める

### 日本初のファクトチェック番組

二〇二二年一一月に『ザ・ファクトチェック』という一時間の番組を放送しました。これはSNSなどで「バズった」投稿が本当に起きたことなのか否か、取材し、その情報を「正確」「ミスリード」「誤り」など七つの判定に分類していくものです。ファクトチェックしたテーマは、プロフィギュアスケーターの羽生結弦さんの単独イベント開催時に拡散した「ホテルが人気に便乗し、勝手に予約をキャンセルし、価格を数十倍に釣り上げた」という投稿、韓国・梨泰院事故で「ウサギ耳の男が押した」の真相は？男性を独自取材――などです。

「ザ・ファクトチェック」二〇二二年一一月二〇日（日）一四：〇〇〜一五：〇〇放送
出演者　キャスター：藤井貴彦　ゲスト：井桁弘恵、ぺこぱ
日本発！「ファクトチェック専門」ニュースショー。政治家や有名人の発言、SNSでバズッたあの投稿の中身は「真実」なのか日テレ報道局が徹底検証！

そもそも「ファクトチェック」とは、立岩陽一郎・楊井人文共著『ファクトチェックとは何か』（岩波書店）によると「言説の内容が事実に基づいているかどうか、正確なのかを、第三者が調査、検証結果を発表する営み」となっています。「真偽検証」と訳されることもあります。私やみなさんも含め個人で情報を発信することができるようになった現代社会において、ニュース記事の他にも、ありとあらゆる情報がネット上にあふれ、時に歪められたりもします。そのなかでどれが事実なのか、そうでないのかを見極めて発表する、この活動がファクトチェックです。私たちが番組を企画した理由も「本当の事を見抜くことの大切さ」を伝えたかったからです。真偽を検証していく過程を映像化すれば、価値ある一つの番組になると考え、番組の出演者と視聴者が一緒になって予想し頭をひねる番組構成にしました。

The ファクトチェック
Fact check news show

正確 ほぼ正確 ミスリード 不正確 根拠不明 誤り 虚偽

## マスメディアが担うべき役割

ファクトチェックの意義について、国際大学の山口真一准教授は、「ファクトチェックには情報空間における発信主体を塗り替える力がある。バックファイア効果もあるが、中庸な意見の人がインターネットで情報収集する際に、正確な情報にたどりつく可能性を高める」としています（総務省プラットフォームサービスに関する研究会「偽・誤情報の現状とこれから求められる対策」の資料より）。疑わしい情報が流れた際、ファクトチェック済みの情報が出てくるまでは、最初に流れた疑わしい情報を肯定するツイートばかりが出てくるのですが、いったんファクトチェック済みの情報が出されると、疑わしい情報を否定する情報がソーシャルメディア上に広がると指摘しています。

山口先生のアンケート調査では、「情報の真偽を確かめるために便利な媒体は何だと思いますか」という問いに対して、官公庁とか自治体のウェブサイトを挙げる回答が多かった一方で、次に多いのはテレビとか雑誌などの報道という回答でした。山口先生は、マスメディアの一つの役割としてファクトチェックがあるのではないかと指摘していて、私もそのように思っています。

## ガラパゴス化？　ファクトチェックの今後

実は日本にもファクトチェックを行っている団体がいろいろとあります。ファクトチェック・イニシアティブという推進・支援組織の他に、日本ファクトチェックセンターや、インファクト、リトマスなどの専門メディアもあります。毎日新聞なども積極的に記事を発信しています。実は『news zero』でも展開しているのですが、「ニュースをじぶんごと」として伝えていくなかで、その前提となる情報リテラシーそのものが今、崩れているのではないかと考えたのです。『news zero』を見てくださっているみなさまには情報を見極める力を身につけていただきたい。『news zero』ではそんな気持ちでファクトチェックを取り上げ、コーナー化しています。

ネット上で疑わしい情報があふれるケースは、災害時に多い傾向がありますし、先日は災害とは違いますが、陸上自衛隊へリコプターの墜落事故もその一つでした。もしや攻撃されたのではと考え、さも事実のように投稿される方がいますが、こういった情報が根拠のあるものか検証し報告する。嘘や偽りのない社会作りに資する営みは不可欠だと考えています。

ただ、日本はファクトチェックへの取り組みについて消極的だという指摘があります。実際今までファクトチェックなどという言葉を耳にしたことがないという方も多いかもしれません。山口先生によると、世界一〇二団体が所属している国際ファクトチェックネットワーク（IFCN）に日本の団体の登録はゼロだそうで、このような状況では日本はファクトチェックにおいて日本はガラパゴス化してしまうのではないかと指摘しています。（その後、日本からも三団体が登録）

『news zero』では今後もファクトチェックに取り組んでいきたいと思っています。その一方で、視聴者のみなさまが一番に求めているものは、ストレートにその日何が起きたかということ、そのものであろうと思います。情報がファクトなのか否かというのは一番の関心とまでは言えないのではないか、ファクトチェックという、言ってみれば〝変化球〟をどう生かしていくか、私が今抱えている課題の一つです。

## ❖講義を終えて　「テレビ屋」が学生から学んだコト

講義後の質疑や学生さんから寄せられた感想の中で気になったのが、若い世代は情報を得る際に「タイムパフォーマンス（タイパ）」を重視するという点です。地上波ニュース番組の担当者としては耳の痛い話ではありますが、タイパ重視は何も学生やZ世代に限ったことではありません。生成ＡＩの普及もさらにタイパを後押しするでしょう。私たち社会人もより効率的な時間の使い方を求められるようになるほか、「脱作業」が進み、よりクリエイティブな業務に特化する時代が遠からず訪れるでしょう。まさに講義でお伝えした「ＶＵＣＡの時代」ですが、私のような「テレビ屋」はこの変化を、どう捉まえていくべきなのでしょうか。

すでに実践されているのは、デジタル上での倍速コンテンツや動画コンテンツを記事化しての配信などです。こうしたタイパ重視派のニーズに応えたコンテンツ提供はニュースのユニバーサルデザインともいえ、積極展開すべきだと考えます。一方、地上波でタイパ重視のコンテンツを放送するのは簡単ではありません。短いニュースをテンポよく見せることが決してタイパ重視ではないはずです。私はタイパ重視派のインサイトは「自分に必要な情報を効率よく集めたい」からだと考えます。ならば、私たちの仕事は、zeroのミッションでもありますが、「ニュースをじぶんごとに」して伝えることです。どこか他人事のように、我々はニュースを伝えていないか。視聴者の限られた三〇分や六〇分という貴重な時間を頂くのに値するコンテンツを、我々は提供できているのか。辞書に書かれているジャーナリズムのタスクをこなすだけの存在ならニュース番組は、コスパ重視の流れに呑み込まれてしまうでしょう。だからこそ、私たちは世の中をよくする原動力にならなくてはならないと考えます。おこがましい感じもしますが、学生さんの声を傾聴した今、そんなことを考えています。

ファクトチェックについても、学生のみなさまから多くのご意見をいただきました。「マスメディアは氾濫する情報をまとめるハブのような役割を果たす必要があるのではないか」「ファクトチェックのように何かを調べて報道する、調査報道の形を増やすことも大切なのでは」。いずれも、ご指摘どおりです。日テレ報道局もまさに今、その方向を目指しています。私の役割はファクトチェックを専門の団体やプロだけが行う営みに終わらせないことだと考えています。番組などを通じて、情報に触れる際の「お作法」を形式知にして、ウソ偽りがあふれかえることのない、みんなが幸せになる社会を作るためのお手伝いができればと考えています。

講義ではお話しできなかったことが一つあります。それは、いつの時代でも「取材」「伝える」ことの「尊さ」は普遍だということです。頑張って取材していると「取材の神」が降りてくる経験をおそらくすべてのジャーナリストが経験しています。こんな刺激的な営み、仕事は他にはないと勝手に思っております。ぜひ一人でも多くの方に、ジャーナリズムの世界に挑戦していただきたいと切に願っています。ロートルではありますが、どこかの現場でみなさまとお会いできることを楽しみにしております。

# 4 戦争体験者の声を残したい
## ――ドキュメンタリーの現場から

フリー映像ディレクター
太田直子

## 一　戦争体験者との出会い

### 「伝える人」であること

私はフリー映像ディレクターと名乗っていますが、専業のジャーナリストではなく、普段は一般社団法人彩の国子ども・若者支援ネットワークという生活困窮の子どもたちの学習支援や生活支援をしている団体でも働いています。若いころに映像の仕事を始め、会社に属することなく活動してきました。制作会社に番組の企画を提案し、そのうちに何本か企画が通って、そして「石橋湛山記

念 早稲田ジャーナリズム大賞」をいただくような作品をやっと作ることができました。あきらめずに続けてきたことが受賞作品につながったと思っています。

みなさんは一〇代から二〇代だと思います。私自身は同じころに戦争体験者の声を聞いて、それを伝えるということを自分のライフワークにすると、どこかで決めていました。そこに至るまでの出会いについて、お話しさせていただきます。

私は、専業ではなくいろんなことをやりながら、人からお聞きしたことを形にして伝える人でいたいと、これまで活動を続けてきました。みなさん全員がジャーナリスト志望かどうかはわかりませんが、就職状況が厳しいなかで、必ずしも希望の職種や業界で働くことができないかもしれませんし、その結果定職に就かず模索することになる方もいらっしゃるかもしれません。それでも一個人として誰かに何かを伝えたい、そのことをあきらめずにいてほしいし、続けてさえいれば何かの形として残っていくのではないか、そんな気持ちでお話しさせていただこうと思います。

## 学徒出陣をした高校教師の言葉

私が戦争体験というものに強い関心を持ったのは、高校三年生のときの非常勤講師の先生との出会いが最初でした。その方、沼野鹿之助先生は、他の高校を定年退職されて都立の進学校だった私の高校に来られたのです。みなさんは学徒出陣をご存じでしょうか。第二次世界大戦中に兵力不足のため、徴集が猶予されていた大学生らが兵士として動員されました。一九四三年一〇月二一日、雨の神宮外苑に約二万五〇〇〇人の男子生徒と、見送る家族や女生徒ら約六万五〇〇〇人が集まり、壮行会が行われました。戦場へ向かう学生が行進していく、そんな学徒出陣のなかに沼野先生はいらっしゃったのです。

先生は授業の合間に戦場でのご自分の戦争体験を話してくださいました。沼野先生は飛行機を撃つ高射砲の役に就きました。アメリカの飛行機が飛んでくるのを、先生も高射砲でめちゃくちゃに撃ちまくりました。堕ちてゆく米軍機の窓には若い米兵の顔が見えたそうです。お互いに何の恨みもない同年代の兵士がなぜ撃ち合わねばならないのか、先生は不条理を感じられたそうです。私にとって最も印象的だったそのお話が、一七歳だった私が戦争について考え、もっと知りたいと思うようになったきっかけです。

沼野先生は、もう一つ大切なことを教えてくださいました。進学校に通い、ともすればほかの人を見下しかねなかった当時の私たちに、「慢を捨てろ」と言ったのです。傲慢の「慢」です。「これは大事なことだぞ」と前置きして語ってくださった。その言葉が今も心に大切に残っています。先生は一学期のみでご病気で休職されてしまったので、先生のお話をお聞きできたのはわずかな時間でしたが、この出会いは私にとってとても大きなものでした。

ちょうどそのころ、一九八二年、第一次教科書問題がありました。みなさんにとって歴史の一頁かもしれませんが、一七歳の私にとっては大きな出来事でした。高校の歴史教科書の記述が旧文部省の検定で「侵略」を「進出」と書き換えさせられたことに対し、東南アジアや中国、韓国から大きな非難を浴びて、連日新聞を賑わせたのです。被害者としての日本ではなく、加害者としての日本ということに関して、私たちはもっと知るべきではないかと強く思い始めたのもそのころでした。

## 加害体験を語る元日本兵

歴史地理教育者協議会という民間教育団体の夏の大会に卒論準備のために出席し、隣に座っていた教員からたまたまもらった「平和のための戦争展」のチラシを手に、渋谷の山手教会に足を運んだのは大学四年生のときでした。「平和のための戦争展」では、元兵士の方々が戦争体験を話していたのですが、そこで中国の戦線に送り込まれ、中国の人たちを殺してしまったというお話を聞きました。

人を殺すなんて考えもしなかった普通のお父さんや普通の夫であった人たちが、まるで鬼のようになってしまう。私がお話を伺った富永正三さんは大学を卒業して仕事についていらしたのを戦争にかりだされました。富永さんは初め戦争を受け入れてはいませんでした。しかし、中国で見習士官の腕試しとして捕虜の首を一度軍刀で斬って殺してから、感覚が麻痺してしまった、人間が変わってしまったという話をされました。中国人を殺すことをなんとも思わなくなってしまったのです。

日本の敗戦後、富永さんやほかの日本兵が抑留された中国の撫順《ブジュン》の戦犯収容所で教育をうけ、自分たちがいかに非人間的なことをしてきたかということを悟り、帰国後は中国帰還者連絡会という団体をつくって自分たちの体験を社会のなかで語る活動を続けてこられました。富永さんは自分の体験のことを「人間から鬼へ、鬼から人へ」とおっしゃいました。自分の手を汚した体験というのはなかなか語れないと思います。彼らのように自らの戦争体験やそれに対する率直な考えを赤裸々に語る人たちに出会えたことは、私にとって大きな意味のある出来事でした。

中国帰還者連絡会は二〇〇二年、会員の高齢化により解散、その後継団体として発足した「撫順の奇蹟を受け継ぐ会」が現在も東京と関西で活動を続けています。

また、一九八八年に不戦兵士の会という団体が結成されています。さまざまな戦場を経験した元兵士たちが、二度と戦争を起こしてはならないという思いで立ち上げられたものです。当時はイラン・イラク戦争が一九八〇年から続き、ＰＫＯ協力法案による自衛隊の平和目的での海外派遣の是非が問われていた時代です。私は二〇代のころからこの会の会員となり、元日本兵の方々のお話を聞くようになりました。その後、戦場体験のある元兵士のほとんどがお亡くなりになるなか、「不戦兵士・市民の会」と名称を変え活動を続けてきたのですが、今年（二〇二三年）八月、会をいったん閉めて「不戦兵士を語り継ぐ会」としてスタートすることになりました。私はその共同代表の一人になりました。

## 二　記録映画の制作に携わるまで

### ドキュメンタリー映画制作への憧れ

大学卒業後、私は社会科の教員を志望していました。在学中、子どもたちの夏休みに学校を主宰するサークルに属していたこともあり、子どもと一緒に学びたいという思いがあったのです。しかし当時、教員採用試験は狭き門で、簡単には受かることができませんでした。卒業後二年間合格できず、高校の非常勤講師をしていました。結局学生時代を含めて三回、試験に落ちたのですが、その間社会科の教員としてさまざまな関心を持って、沖縄の戦跡を訪ねたり、フィリピンへのスタディツアーに参加したりしました。

特にフィリピンでは、当時、マルコス独裁政権が倒れたばかりでしたが、民主化が期待されたアキノ政権下でも、人々の貧しい暮らしや人権侵害、ジャーナリストや弁護士、市民活動家への弾圧が続いている実態を知り、驚きと同時にもっと知りたい、そして日本でも何か自分でできることはないかと強く思うようになりました。

しかし、学校で教員をするということは、教育カリキュラムがあり、自分の教えたいこと・伝えたいことばかりを教えていられるわけではありません。自分の知りたいことを追求することに時間を費やしたい私にとって、何も教員になる必要はないのではないか。それより、自分で調べて写真を撮り、書いて伝えることを仕事にしたいと考え、ジャーナリストに憧れを持つようになりました。

フィリピンから帰国した翌年は四回目の教員採用試験を受けずに、ほるぷ教育開発研究所という出版関連の会社に職を得て、出版物の企画などをすることになりました。しかし、長時間のデスクワークは苦痛で、一七時に仕事を終えたあと、図書館へ通ったり写真教室でのレクチャーに時間を費やす毎日でした。会社に許可を得て一年間、東京の夜間中学で週に二回、日本語を教える非常勤講師もしました。とにかく好奇心のままにあちこちに首を突っ込んでみるといった具合で、退社するまでの一年八か月は自分探しのための紆余曲折の時期だったと思います。

日本ジャーナリスト会議という団体が主催する会議に参加したとき、『ハーツ・アンド・マインズ　ベトナム戦争の真実（邦題）』というベトナム戦争の映画を見る機会がありました。ベトナムの民衆の被害だけではなく、ベトナム戦争に兵士として参加した米兵たちの苦しい赤裸々な声を聞き、「加害者も被害者なのだ」ということを映像から知りました。そして、危険をおかしてまで映像できちんとした証言を取ってきてくれる人たちがいたから、自分が知ることができているということに気が付きました。映像で記録をして伝えるという仕事にとても魅力を感じ、いつか自分もそういう仕事をしてみたいと思うようになりました。二六歳のころです。

## 演出助手として映画制作に参加

戦争について関心を持つようになった私は、マレーシア、シンガポール、フィリピンを巡る一人旅をするなかで、第二次世界大戦中にタイとビルマを結んでいた泰緬鉄道の遺跡をたどるツアーに参加しました。そこで出会ったのが『教えられなかった戦争 侵略・マレー半島』という記録映画を撮ろうとしていた高岩仁監督をはじめとする方々でした。高岩さんは、戦争中の日本の加害の実態だけでなく、戦後の日本企業の現地への進出や、なぜ戦争が起こったかということまでを映像で表現しようとされてきた方でした。

軽い気持ちで、ドキュメンタリーにとても関心があると伝えた私に、高岩さんは帰国したら遊びにくるようおっしゃいました。帰国後に高岩さんをお訪ねし、いろいろと話をするうちに、数か月後に予定されていたロケに参加しないかと誘ってくださったのです。映像制作についてまったくの素人だった私を誘ってくださったのは、私が戦争について関心を持っていたこともありますが、片言の中国語と英語の会話能力、そしてコミュニケーション能力を見て、「連れて行けば何か役に立つかもしれない」と考えたのだと思います。

こうして「教えられなかった戦争」シリーズ第一作目の『マレー半島編』の撮影に参加することになり、演出助手として行く先々でインタビュー対象者のアポ取りや、現地の新聞社や図書館で取材対象者のリサーチなどを行いました。

# 三　戦争が残す心の傷にふれて

## マレーシアのゴム林での偶然の出会い

太平洋戦争の開戦と言えば、一九四一年一二月八日の真珠湾攻撃を思い浮かべますが、実はその約一時間前に日本軍はマレーシアに上陸しています。このことはあまり知られていません。マレーシアのコタバルの海岸に上陸した日本軍はマレー半島を南下して、翌年の二月一五日にシンガポールを占領します。ゴムやすずなど資源が豊富なマレー半島は日本軍の重要な戦略目標だったのですが、当時から中国系の住民の多い地域でした。彼らは、蒋介石を支援するべく物資やお金を本国に送っていましたから、当時中国と戦争状態だった日本側としては現地の華僑の排除は大きな狙いの一つでした。

映画の撮影中、スンガイルイ村というゴム林のなかの小さな村で、戦争中に肉親を殺された中国系の方のお話をお聞きしていたときのことです。そこへたまたま歩いてきたマレー系の男性に「何をしているのか」と尋ねられたので事情を説明すると、「自分もその殺害を見ていた」とおっしゃいました。

彼はその村の村長さんで、その場でお話を撮影させていただくことになりました。村長さんは、戦時中のある日、村のマレー系の住民が全員集められ、日本軍が中国系住民を機関銃で撃って殺害する様子を見せられたというのです。そのなかに、子どものときの村長さんがいらっしゃいました。日本軍は、以前からあったマレー系住民と中国系住民の対立を利用しようと考えたのでしょうが、その話をしながら彼は涙を流していました。初めて日本人にこの話をしたとおっしゃっていました。この残虐な行為の話は私にとって重く衝撃的なものでしたが、同時にドキュメンタリーの撮影現場に魅せられていくきっかけにもなりました。

## 『初めて戦争を知った』への出演

次に、一人の元日本軍兵士のことをお話ししたいと思います。読売新聞の記者をされていた鍵山芳朗さん。戦時中、兵士として中国で従軍されていた方です。私が二七歳だった一九九二年、不戦兵士の会の方から紹介されてNHKの番組にリポーターとして出演したことがありました。「初めて戦争を知った」というシリーズでしたが、高齢の元戦争体験者が過去の自らの経験を振り返る旅をするのに、若者が同行するというものでした。その番組で、私がリポーター役としてともに旅をしたのが鍵山さんでした。

鍵山さんは中国で、従軍中に上官の命令で中国人の捕虜三人の命を奪っていました。そのことを戦後も長く誰にも語ることがなかったのですが、六〇歳を過ぎて病気で倒れられたのを契機に考えを変えられたのです。私が出会ったのは鍵山さんが七三歳のときでした。命を奪った三人の位牌を作られて神戸の関帝廟に祀り、大学で学生たちを前に、自らの戦争体験を語り伝える活動をされていました。印象的だったのは、学生たちへの、「自分の話が終わっても拍手をしないでほしい」という言葉でした。自分は拍手されるようなことをしていないのだからという理由でした。

鍵山さんはご家族に、自分の墓も位牌もつくらないように、そして遺骨も火葬場で処分するようにと遺言しました。日本軍によって殺された中国の方たちは墓もなく、遺族にどこで死んだかも知られないままなのだからと話されました。鍵山さんのご遺族はさぞお辛かったでしょうが、遺言どおりにしました。みなさんにも、このように自らに厳しく生きられた元日本兵の方がいらっしゃったことをぜひ知っておいていただきたいと思うのです。

## 四　知られていない南洋群島での出来事

### 「玉砕」の島

「石橋湛山記念 早稲田ジャーナリズム大賞」を頂戴したＮＨＫ ＥＴＶ特集『〝玉砕〟の島を生きて――テニアン島 日本人移民の記録』の取材は、三〇年前、『サイパン夢残――「玉砕」に潰えた「海の満鉄」』（鈴木均著、日本評論社）という一冊の本を読んだことから始まりました。それは、当時、日本の委任統治領だったサイパンやテニアンを含む旧南洋群島に多くの日本人移民を呼び寄せ、国策に沿って事業を拡大した南洋興発株式会社についての本でした。私は学校で、サイパン陥落のあとにB-29による日本本土への空襲が本格化したという、東京大空襲を語るときの通過点としかサイパンを教えられておらず、テニアン島についても、広島に原爆を落としたB-29のエノラ・ゲイが飛び立った島としか認識していませんでした。

また、テレビで見たことのあるサイパンで米軍に追われ崖から投身自殺をする女性の映像が、「玉砕」という言葉と結びつき、当時島にいた民間人は全員死んだのだと勝手に思い込んでいたのです。しかしその本で、サイパンでは全員は死なず、生き残ってきた人のほうが多かったこと、テニアン島でも同様だったことを知りました。

ではサイパンやテニアンで何が起こったのか知りたいと思い、一九九四年に初めてサイパンを訪れたのです。ちょうどサイパン戦から五〇年の年でした。それから足掛け三〇年近く、こつこつと取材を重ね、撮りためたテープを元に制作したのが、『〝玉砕〟の島を生きて――テニアン島 日本人移民の記録』です。

まずは当時サイパンにあった製糖会社、南洋興発の人たちから取材を始め、二つの島で戦場を体験した生き残りの人たちの話をなんとか聞こうとしてきました。しかし取材依頼は断られることが本当に多かったです。テニアン島で家族の自決を手伝わされた二瓶寅吉さんにも、はじめ取材をお願いしたときには「勘弁してくれ」と言われました。それでも諦めずに何度か話をするうちに、受けてくださいました。二瓶さんはご家族の最後について長い手記を書いており、それが私が二瓶さんを知ったきっかけでした。辛いことを思い出したくはないけれど、母や妹に銃を向けざるを得なかった自分の状況を、誰かに知ってほしいという気持ちがあったとお話ししていました。番組にもそのような気持ちで出演くださったのだと思います。

## 深い悲しみのために埋もれていく戦争体験

番組の中心となった小檜山ミサさんは、テニアン島で壮絶な体験をしていました。同じように辛い思いをされた長女の藤子さんから先に話を聞き、ぜひお母さんにも話を聞かせてもらえないかとお願いしました。そのときミサさんは九四歳で、息子さん夫婦と一緒に暮らしていらっしゃいました。息子さん夫婦はミサさんがテニアン島の悲しい記憶を思い出さないように、いつも気遣ってテニアン島の話を避けてきたということです。

ミサさんは、藤子さんから撮影のことを聞いたとき、ひるんだそうですが、引き受けると決めてからは、「(私が)遠くから話を聞きにくるのだから、思い出すことを全部話そう」と息子の昇さんに話していたそうです。そして撮影でミサさんは饒舌でした。まるで昨日のことのように、テニアンでの出来事を語ってくれたのです。

ミサさんは、福島県のわりと裕福な家に生まれ育ちましたが、嫁ぎ先である夫の家は貧しく、昭和の不況に喘いでいました。そこへテニアン島で製糖工場を運営する南洋興発による移民募集を知り、一九二八年に夫と移住したのです。現地には福島県や沖縄県の農家が移住してジャングルを開拓し、島を一面のサトウキビ畑に変えていました。日本からの移民は一万人を超え、それぞれが安定した暮らしを築きかけていたとき、太平洋戦争が始まりました。

一九四四年、前年に絶対国防圏の端に位置付けられたサイパン島とテニアン島では住民総出で軍事基地建設が進められ、テニアンでは南洋興発が軍から請け負った第二飛行場の建設が始まります。工事に携わったミサさんの夫は、「炎天下における人力」という過酷な労働のため、腹膜炎を引き起こし五月に亡くなりました。そして同年七月二四日、すでにサイパンを占領した米軍がテニアン島に上陸、九日間で攻略されました。ミサさんとご家族はその後も二か月、ほかの日本人と一緒に洞窟に隠れ続けます。米軍の捕虜になると酷い目に遭うという日本軍の流したデマを信じていたのです。そこで集団自決が行われましたが、ミサさんと長女の藤子さん、長男の昇さん、次女のミネさんは生き延びました。

私が撮影にうかがったとき、ミサさんと一緒に藤子さん、昇さん、ミネさんもいらっしゃいました。集団自決の話をご家族にされたのは、初めてだったそうです。私が扉をノックしなければ埋もれていた話かもしれないですし、それぞれの胸のなかだけにおさめて墓場まで持っていったかもしれません。それがご家族にとって良いことだったのか、悪いことだったのか、私にははっきり断言できる自信はありません。けれども、こうやって戦争を知らないみなさんに小檜山さんご一家のお話を伝えることができましたので、良いほうに転化していってほしいと私自身は願っています。

## 五　戦争証言を記録すること

### 教育の恐ろしさ

戦時中、捕虜になることや生き残ることは恥だと学校で教わりますし、人々の間でも「捕虜になると男性は耳を切られる」などの話がいろいろと飛び交います。テニアン島では、米軍に攻略されたあと、自決するために崖から飛び降りたり、手りゅう弾が使われたりしたそうです。

あるとき、ミサさんたちが隠れていた洞窟に一人の日本兵が逃げてきたことがありました。その日本兵が、先に隠れていたミサさんたち家族やほかの日本人にしきりに自決を促したのです。「あの兵隊さえこなかったら、私らは死ぬなんて考えなかったの」とミサさんは語りました。兵士の言葉に死を覚悟したミサさんや藤子さんに対し、昇さんは「俺は死ぬのはいやだ。とにかく生きよう」と母親に訴え、生きる方に意識を向けたといいます。これは、当時七歳だった昇さんには「生き残ることは恥だ」という教育が浸透していなかったからではないかと思いました。

戦後、日本に帰国したミサさんは病院の賄いや清掃の仕事などをして働いて子どもを育て、晩年は自分のお金で家族のお墓を購入し、テニアン島で亡くなった子どもたちの名前も碑に刻みました。昇さんに相談することなくすべてご自分でなさったそうです。それが親のつとめと思っていたのでしょう、私はとても立派なことだと思いました。

ミサさんは、ご自分の体験については、本も文章を残していませんし、この番組が存在しなければ世間に知られることのない方でした。しかし、そうやって強く生きてきた、名前も知られることのない人たちが、ミサさんの背後に本当にたくさんいるということを私はみなさんに伝えたいのです。本にも残されていない人たちの思いや記憶など、そういうものを少しでも拾い集めて形にして、次の世代に残したいという気持ちを私はずっと持ってきました。今回の番組が思いがけず賞をいただき、小檜山ミサさんご一家の証言を歴史に刻むことができたかと思うと、本当に感無量です。

## 公文書に残らない人たちの証言

私は、この撮影で「証言の大切さ」を再認識しました。テニアン島で南洋興発の社員だった有元盛男さんを取材したとき、有元さんが米軍上陸後、日本軍に義勇隊としてかりだされていたことを知りました。偶然そのとき日本軍部隊の近くにいたから義勇隊に使われたことと、軍の指示系統がすでに混乱していたということを話してくれました。(法政大学教授・今泉裕美子氏との共同取材)

実は、当時テニアン島の陸軍最高司令官が陸海軍両大臣と大東亜大臣に宛てた電報が、公文書として残っています。それは、テニアンの日本人一万五〇〇〇人のうち、一六歳から四五歳の民間人全員三五〇〇人を義勇隊として六個中隊に編制し、軍の各隊に配属し協力させている、という内容で、防衛庁防衛研修所戦史室（当時）の編纂した『戦史叢書』という太平洋戦争史研究の基本文献に載っています。しかし、有元さんをはじめ私がこれまでに取材させていただいた人の話から考えると、米軍上陸後の混乱状態にあるなかで「六個中隊に編制」するなどということがあり得るのだろうか、という疑問を持ちました。私が聞いたなかでは、一六歳以上の男性であっても、家族や同僚と一緒に避難したという話が圧倒的に多かったのです。

しかし、体験者の声を聞けない人たちが頼るのは文献などの資料ですから、そんな疑問を抱くことなく、「書かれたことは、あったことだ」と認識されていきます。私は今回のことで、公文書の重要さを改めて考えるとともに、それが絶対ではないときのためにも、実際に体験した人たちの証言を少しでも残していきたいと強く思いました。

## 戦争はすべてを無にする

最後になりますが、私が今思うことは、残念ながら「戦争が身近にきている」ということです。今朝、北朝鮮が弾道ミサイルを発射して、Ｊアラートが発出されました。テレビで「弾道ミサイルの可能性のあるものが発射されました、頑丈な建物内や地下に避難してください」と警報が出て驚きました。でも地下がある建物は少ないですし、パニックになると思います。すると、やがて地下室をちゃんと用意していかなければいけないとか、避難訓練していかなければいけないとか、戦争を意識した流れがつくられていくのではないでしょうか。そのことが本当に恐ろしいと思います。

ですからみなさんには、「現実に起こるものなのか？」ということを判断できる情報リテラシーをしっかり身に付けてほしいと思います。また現在、日本は他国に武器輸出をして、自らの敵をつくる国になろうとしています。敵をつくるということは、こちらが攻撃される可能性をもつということですから、本当に恐ろしいことです。

戦争によって、みなさんの日々の楽しみや将来への夢、そのための努力などの一切合切が、無に帰してしまいます。戦争は絶対に許してはいけません。私自身は、これからも諦めずに、反対の声を上げていきたいと思います。

今日お話ししたようなことは、けっして過去のことではありません。現実に再び起きうることとして、私は危機感を持っています。日本を守るために憲法九条を変えるとか、防衛装備品の輸出とか、一見、綺麗な言葉でくるまれるかもしれませんが、人間を殺し、殺される戦争につながる危険が潜んでいるということを肝に銘じて、若いみなさんにはこれからも学びを深めていってほしいと思います。

## ❖講義を終えて　戦争体験をきき、語り伝えることが、未来の戦争への抑止力になる

専業ジャーナリストではなくフリーランスの映像ディレクターとして、放送局に企画が通ったときだけ番組を制作することができる立場にある私は、日々生活のためにほかの仕事（学習支援や若者支援）をしながら、受賞した番組のテーマである太平洋戦争下の旧南洋群島のテニアン・サイパンで地上戦を体験した生き残りの人たちの話を、こつこつと撮り溜めてきました。一九九四年に初めてサイパンに行ってから、もうすぐ三〇年です。

常時報道機関に身を置いているわけではないので、「私が学生さんたちに伝えられるものは何だろう」と考えたとき、「私自身がなぜ戦争体験の継承に関心を持ち、そしてなぜ取材を継続してこられたのか、という原点をお話するしかない」と思いました。

もうひとつ。昔見たテレビドラマのなかで、主人公のライターがパートナーに言われた「あなたはどこにいても書く人だから」という台詞がずっと胸に残っていて、その言葉をよりどころに、企画が通らずに希望の仕事ができなかった自分を励ましていたのを思い出しました。そして、「どこにいても『伝える人』であることを諦めずにいれば、いつか実現することがある」ということを、若い学生さんたちにお話ししたいと思いました。ちょうど就職活動に行き詰まっている学生さんもいて、「太田さんの話を聞いて励みになった」と感想をくれたのもうれしかったです。

今の時代、スマートフォンでも撮影や編集ができますし、ネットで発信することもできます。私たちは、誰もが「市民記者」になれる環境にあります。問題は、その人が「何に関心を持ち、そのこと

を何のために伝えるのか」ということ、そして「それが独りよがりのものではなく、人権や社会正義にかなったものであるかどうか」ということ。さらには「人権とは何か、社会正義とは何かを現実の社会のなかにアンテナをはり、たえずそれを学び更新し続ける」こと。また、「それを自分事として捉えていく想像力を持つ」ことが大切なのではないかと思います。

「過去の出来事、とりわけ日本の戦争の話などは、あまりに今の自分たちとかけ離れたこととして伝えると『他人事』になってしまうが、『自分が関心を持っていること』として身近な人に伝えていけば、そのことを理解してもらえるはず。それが『伝わる第一歩』なのではないか」と討論のなかで話されたことも、頼もしくうかがいました。自分の思いを身近な誰かに伝えることから、ぜひ始めてほしい。その積み重ねが、平和を築くことにつながるのではないかと思うのです。

私が戦争体験の継承にこだわるのは、次の世代に戦争を体験させたくないという強い思いと、悲しく忘れたい記憶を語ってくださった方々のことを大切に思う気持ちがあるからです。お話を聞いて、それを記録に残した者の責任を、私は今後も何とか果たしていきたいと思っています。為政者の書く歴史ではなく、一人ひとり顔が見える人たちの声を、そして自分では伝えることのできなかった人たちの声を、世に残したい。歴史のなかに小さな「引っ掻き傷」をたくさん残したいという気持ちでいます。思えば、これが私の反戦活動です。

戦争が始まったら、私も誰かを憎み殺してしまうかもしれない。家族を手にかけてしまうかもしれない。それが戦争です。起こってからでは遅いのです。戦争を起こさないためには、敵をつくらないこと、諦めずに対話の道を探ることが大切だと思うのですが、現在の日本は敵をつくり、人殺しをする武器を輸出できる国に大きく舵を切ろうとしている。これほど恐ろしいことはありません。夢や希

——望を抱きながらも、戦争で奪われてしまったあまたの命を思うとき、真実を伝えることと同時に、政治を変えることを諦めまいと心に誓っています。

## 5 基地問題「わがこと」とするために
### ――北富士演習場と沖縄、地元紙の役割は

山梨日日新聞 編集局社会部長
前島文彦

### 一 米軍基地被害を掘り起こす

#### 富士山麓にある北富士演習場

山梨日日新聞は沖縄の日本復帰五〇年に合わせ、二〇二二年一月から六月まで「Ｆｕｊｉと沖縄本土復帰50年」を連載しました。連載の内容とどう取材したのかについてお話しします。

富士山の山梨県側にある北富士演習場を知っていますか。日本陸軍が一九三六年から三八年にかけて民公有地合わせて約二〇〇〇町歩を買収して開設した演習場で、現在は陸上自衛隊北富士駐屯

写真１　富士山の麓に広がる北富士演習場。静岡県の東富士演習場と合わせ、「富士演習場」として米軍が一時使用できる施設となっている

（出所）山梨日日新聞

地が管理しています。この演習場が米軍管理に置かれた時代がありました。占領期です。太平洋戦争が終わった後、日本は米軍を中心とする連合国軍に占領されました。本土が占領された期間は、一九四五年九月二日のポツダム宣言調印から一九五二年四月二八日のサンフランシスコ講和条約発効までの七年間です。北富士演習場も米軍に接収され、米陸軍や米海兵隊が駐在する基地になりました。

特に一九五〇年に朝鮮戦争が勃発し、後方支援が必要になると、大規模な砲撃訓練が可能な北富士演習場の重要性は増します。五一年四月には米軍基地「キャンプ・マックネア」に兵員宿泊施設などが新設され、四〇〇〇人が収容可能とな

りました。戦争が終わってから一九五六年三月に海兵隊が沖縄に移るまでの一一年間、山梨県のこの一帯は米軍の管理下に置かれました。基地の周辺では米軍による事件や事故が多発し、寒村だった集落は瞬く間に歓楽街の様相を呈していきました。「Ｆｕｊｉと沖縄」ではまず、この期間にこの地域で、一体何が起きていたのかを明らかにすることを目指しました。

## 後悔が生んだ連載

取材の手掛かりとなったのは、全国調達庁職員労働組合（全調達）が一九五八年に行った米軍による事件と事故の実態調査でした。調達庁は戦争後に設置された、現在の防衛省につながる官庁です。米軍の求めに応じて物資の調達や宿舎の建設を担いました。大阪大学の藤目ゆき教授が所有する実態調査の資料を初めて閲覧したのは二〇一五年でした。そのときの衝撃は忘れられません。被害者の住所、氏名、年齢といった個人情報のみならず、被害時の状況やその後の苦しい生活のありさまが事細かに記述されていました。

私は当時、戦後七〇年に合わせた企画で、全調達が実施した実態調査に基づいて取材を進め、一部を見開き二面の特集記事にすることができました。しかし、並行して進めていた取材があったこともあり、伝えられたのは被害のごく一部にとどまったとの後悔がありました。私個人にとっては、大切な事実を伝えきれなかったというわだかまりがずっと心に残っていたのです。それが、沖縄の日本復帰五〇年を機に、改めて取材をスタートする動機となりました。

## 難航した遺族取材

私たちは改めて全調達の実態調査の資料を読み込み、全国の事件や事故約一三〇〇件から山梨県関係の延べ三二件について状況を解き明かすために記述された住所へ赴きました。しかし、そこにはあるはずの家はなく、さら地になっていました。市町村合併により、住所を特定することが困難な状況もありました。私たちは周辺住民への聞き取りをし、現住所を突き止める取材を進めましたが、本人はもとより遺族にたどり着くことさえ容易ではありませんでした。ようやく家にたどり着いても、当時を知る遺族が他界してしまっていることもありました。

また、事件から七〇年がたっていても遺族にとっては触れられたくない傷であり、思い出したくない出来事に変わりはありません。取材を断られることもありました。事件や事故の状況が親から子、子から孫へと伝えられておらず、遺族から掛けられる「あと一〇年早く来てくれれば」の言葉に何度も悔しい思いをしました。取材の進捗が芳しくないために、「連載企画として成立しないのではないか」との思いが頭をよぎったのも、一度や二度ではありませんでした。しかし、戦後七七年が経過し、これ以上先延ばしにすれば、遺族の記憶は失われ、記録にとどめることは二度とかなわなくなります。幾度も遺族の元を訪ね、企画の趣旨を説明して協力を求めるなかで、口を開いてくれる人も出てきました。

## 二　占領下に米兵が起こした事件・事故

### 下半身に障がい、補償なく

取材に応じてくれた天野武人さんについて紹介します。天野さんは一九四九年七月二四日午後二時ごろ、山梨県南都留郡忍野村の自宅前で米軍の大型車両にはねられました。当時四歳。病院に運ばれましたが、この事故で天野さんは下半身が不自由になりました。全調達の実態調査の資料には事故の状況やその後の家族の生活が記されています。「武人のため一切を犠牲にして看病しましたが、胸部以下の全神経を喪失」「母親は家事を犠牲にして食事のことから大小便まで人工的に努力」「一日も欠かさず背負って通学」。一方で家族は事故を起こした米軍や米兵について「米軍の誠意ある行動は私の心を取り戻してくれました」「トレーシーさん（米軍車両の運転手とみられる）は本国に行かれてからも、三、四回お便りをくれました」とも書いています。事故を起こした米兵も、幼子に重い障がいが残ったことに申し訳ないとの思いがあったのでしょう。ただ、賠償責任を負うべき米国や米軍、米兵個人から補償は一切ありませんでした。この事故に限らず、連合国軍総司令部（GHQ）は米兵が関与した事件や事故について賠償金の支払いを拒絶。天野さんに支給されたのは、横浜調達局吉田出張所からの八万円と忍野村役場からの二〇〇〇円のみでした。国家間の力関係による決定に、個人の感情が介在する余地はありませんでした。

## 「米軍が来なければ」

天野さんは事故の後、山梨県富士吉田市に移り住み、時計職人として生計を立ててきました。下半身が不自由になった天野さんは母親に背負われたり、専用の三輪車に乗って母親に押してもらったりして往復四キロの小中学校に通いました。排泄も介助なしにはできない状態で、母親が昼にも学校に来て面倒を見てくれたそうです。障がい者への見方が現代とはまったく違っていたこともあり、必要な施設や資源も乏しい状況。年頃になると周囲との違いを感じるようになります。「好きで生きているんじゃない。あのときに死なせてくれればよかったのに」と母親に当たり散らしたと振り返ります。

天野さんは現在も下半身が不自由で、腕の力だけで下半身を引きずりながら室内を移動していま す。大人になって生涯の伴侶との出会いもあり、「死なせてくれ、と言っていたかつての自分とは違う。障がいがあることと幸せであるかどうかは関係ない」と言います。ただ、今でも「もし」の思いは消えないと言います。「もし、あのときに道路を横断しなければ」「もし、北富士演習場に米軍が来なかったなら」「もし、戦争が起きなかったら」。もしかしたら、違う人生があったのかもしれないと。

## 水戸対地射爆撃場の悲劇

全調達の実態調査の資料には全国の事件や事故の状況が記されています。私が印象に残っている「事故」について話します。一九五〇年七月、現在の茨城県ひたちなか市にある阿字ヶ浦海水浴場で遊んでいた小学三年生の黒沢嘉代子さんが、米軍の機銃掃射によって亡くなりました。近くには米軍が接収した水戸対地射爆撃場がありました。飛行場から飛び立った米軍機による射撃演習で、銃弾が幼い体を貫きました。流れ弾による事故とされていますが、疑問もあります。この日は波打ち際でたくさんの子どもたちが遊んでいて、上空からその危険性を認識し、事故発生も予見できたはずだからです。黒沢さんの父親は全調達の実態調査に対し「米軍機が浴場に発砲し、其の流れ弾にあたりました。生徒、乗り物、売店等あったのです」と悔しさをにじませています。

九歳の子の命が失われたことは、地域にとっても重大な出来事でした。そのことを現代に伝える証として、この地に建立された戦没者慰霊碑があります。戦没者慰霊碑は太平洋戦争で命を落とした戦没者を追悼するため、各地に建てられた碑です。この「事故」が起きた現場近くにある戦没者慰霊碑には、戦地で兵士として亡くなった人たちだけではなく、黒沢嘉代子さんの名前も刻まれています。多くの人が、戦争は一九四五年八月一五日の「終戦の日」に終わったと認識しているのではないでしょうか。しかし、この地域にとってはそうではありませんでした。「戦争は昭和二〇年の後も続いていた」。地域の訴えを静かに後世に伝えていると、私は思います。

労働組合である全調達とは別に、調達庁も占領軍が関与した事件と事故について実態調査をしていました。今回の企画では防衛省への情報公開請求も行い、調査の結果を報道しました。占領関連事件に九三五二人の被害があったこと。内訳は、死亡三九〇三人、障がい二一〇三人、療養三三四六人。国として一七億四〇〇〇万円を支出していたということも明らかになりました。ただし、これは沖縄を除く四六都道府県の状況です。誤解を恐れずに言えば、一九七二年五月一五日まで沖縄は日本ではなく、統計の対象外だったからです。

## GHQの報道規制

占領軍による事件や事故はどのように報じられたのか。私たちは山梨県内で発生した延べ三二件について、発生から一週間以内という期限で山梨日日新聞のデータベースを調べました。ストレートニュースとして報じたものは六件でした。不発弾の爆発や交通事故でしたが、いずれも米軍の直接的な関与を示す記述はありませんでした。交通事故ならば「外人用高級車」という言い回し。少年三人が死亡した不発弾事故についても、「子どもたちが遊んでいて爆発した」という表現でした。

なぜ、具体的に米軍や米兵の関与によるものと報じていないのか。その理由は連合国軍総司令部

（ＧＨＱ）が発出していた「プレスコード（日本への新聞遵則）」にあるとみられています。プレスコードでは「連合国軍最高司令官や総司令部への批判」「連合国への批判」「軍国主義の宣伝」「解禁されていない報道の公表」など三〇項目を示し、抵触した場合は発行禁止などの処分をしました。検閲制度もあり、東京の市政会館や内務省など全国各地で検閲が行われました。

処分対象の事例として、早稲田大学出身初の首相であり、言論人である石橋湛山氏による論説があります。湛山氏は一九四五年九月二九日号の『東洋経済新報』に「進駐米軍の暴行――世界の平和建設を妨げん」を書きました。「米軍進駐軍の一部に記者の予想に反して意外に不良の分子が存し、種々の暴行が演ぜられている」「記者の深く懸念するのは、斯くて米軍が戦敗国民の信頼を喪うことが、如何に将来の平和の建設に障碍を来すかである」と記しています。至極もっともな主張ですが、この論説が掲載された号は頒布禁止処分となります。

怖いのは検閲による発禁や回収処分がひとたび行われると、報道機関の側が萎縮する、あるいは権力側に忖度する動きにつながる状況が生まれることです。当時の報道人や言論人に気概がないとか臆病であったと言うつもりはまったくありません。みなさんもＧＨＱトップであるマッカーサーと、昭和天皇が並び立つ写真を見たことがあると思います。リラックスした様子のマッカーサーの隣に「現人神」として神格化されていた天皇が立つ写真が、当時の国民にどれほどの衝撃を与えたか想像に難くありません。そして、強大な権力の前に立ちすくみ、権力者側に斟酌《しんしゃく》し、伝えるべきことを伝えない／伝えられないということは歴史上の出来事ではなく、いつの時代も、もちろん現代でも起こり得ることだということを私たちは知っておかなければなりません。

## 三　基地依存の生活から反対運動へ

### 歓楽街化、乱れる風紀

米軍基地ができたことは、地域経済に大きなインパクトを与えます。

北富士演習場には数千人規模の米兵が常駐していました。米兵は本国からはるか遠い極東の田舎に送られ、任務に就いていました。朝鮮半島の状況によっては戦地に赴く可能性も想像していたことでしょう。彼らもまた、精神的には安定した状態ではなかったのです。粗暴で、性的欲求を満たすために事件も起こしていたことが残存資料からはうかがわれます。彼らは「アルコールと女性」を求め、その需要に突き動かされて地域も歓楽街となっていきます。地域住民はこぞってビヤホール、ジャズバー、浴場を造り、米兵を相手にする女性が流入してきます。大きく変貌した一つが、山中湖村でした。

山中湖村は非常に貧しい村でした。冬の気温は氷点下一〇度を下回り、富士山の溶岩に覆われた大地は開墾《かいこん》することもままならない。山中湖で漁業をしたり、自家用の作物を作ったり、入会地である北富士演習場の山菜やキノコを収穫したりして暮らしていました。現金収入が極めて乏しい地域で、基地経済が循環を始めます。

日本円への信認が薄弱な時代に、村をドル札が飛び交います。「一ドル＝三六〇円」の時代。降って湧いたような好景気でした。ビヤホールでは米兵から支払われたドル札を一斗缶に入れて、あふれるほどだったので踏んづけた、というエピソードも残っているほどです。一般の家庭でもあやかろうと、米兵を相手にする女性を家に置きます。たとえば、家族は一階に住み、二階は米兵と女性が行為に及ぶ場とする。場合によっては家族は馬小屋に住むということもありました。

結果的に村の風紀は乱れます。酔っ払った米兵とあられもない姿の女性が肩を抱き合いながら村のメインストリートを歩く。特にペイデー（給与日）の土曜日、翌日の日曜日は米兵たちであふれかえったと言います。週末は地元の学校では日曜日を登校日にした時期もあるほどでした。しかし、米兵依存の経済は回り続けます。そうしなければ生きていけないからです。

当時の状況はつまびらかではありませんが、山梨日日新聞は「岳ろく〝女の宿〟からの訴え　罪は政治の無力に」という見出しで地元の有力者の言葉を報じています。「我々も好き好んでこんなことをしているのではない。生きてゆくためにはこうするよりほかに道がない。県が私たちの集落に風俗保安条例を強制的に適用しようとしても、私たちの集落はこの営業をやめない。やめられない。国や県はなぜもっと別な形で生きる道を開いてくれないのか、なぜ救いの手をさしのべてくれ

写真2　キャンプ・マックネアの衛門前で座り込みをする住民

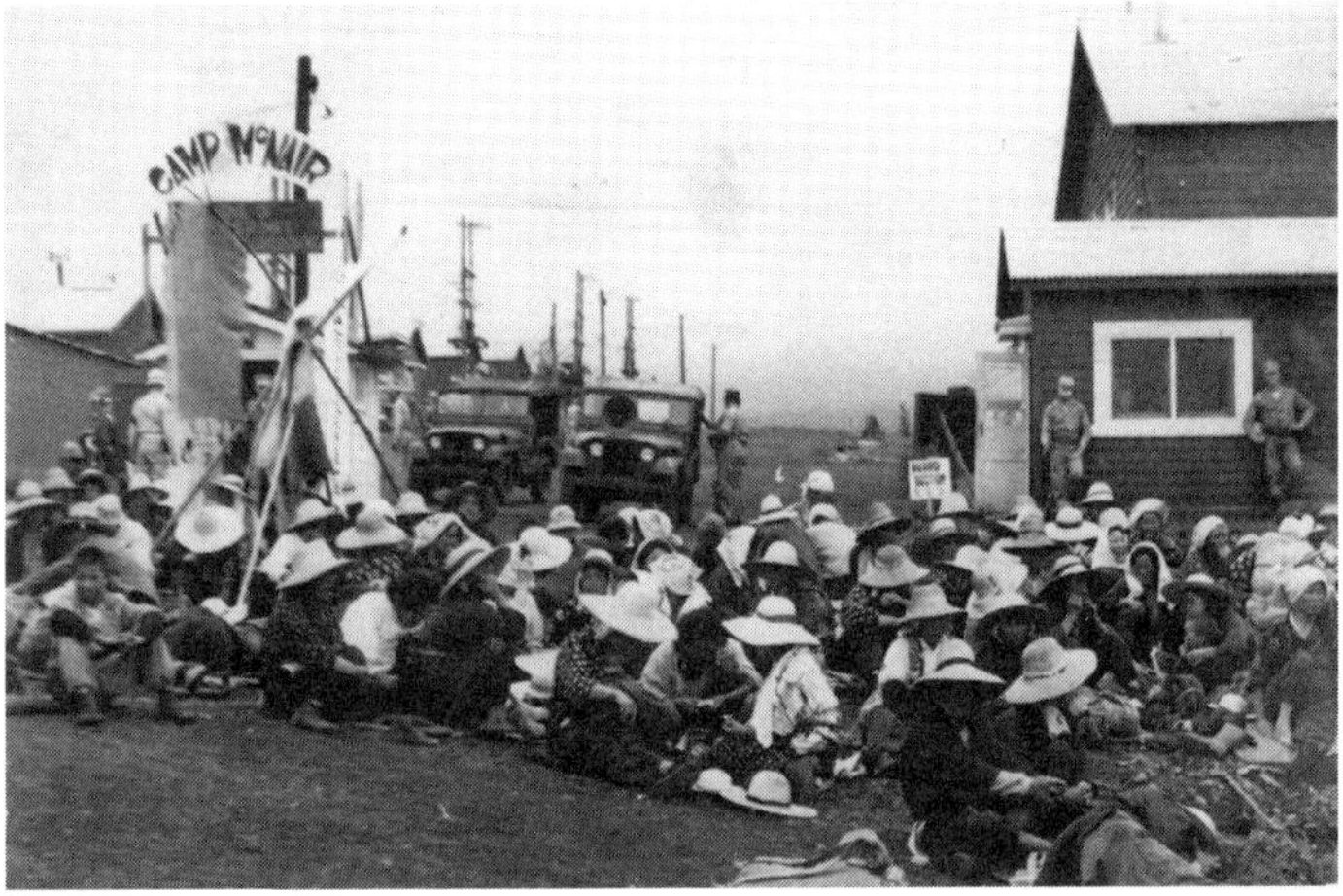

（出所）山梨日日新聞

ないのか」。米軍が去った後、山中湖村は避暑地として観光地化していきます。米軍が常駐していた時代の生業や歴史は語り継がれることはなく、忘れられていきます。私たちの今回の企画ではこうした「地域が忘れたい『負の歴史』」についても、当時を知る人たちを説得し、記録しています。

### オネスト・ジョン発射実験

一九五五年には、北富士演習場で核搭載可能なロケット砲「オネスト・ジョン」の発射実験も行われました。被爆地の広島、長崎の記憶がまだまだ生々しく刻まれているなかでの実験です。周辺の集落が総有したり共同利用したりする入会地である北富士演習場への立ち入りが制限され、事件や事故が相次ぎ、風紀が乱れ、地元の反発は強まっていきます。キャンプ・マックネアの衛門前での座り込みや決起大会といったものだけではなく、演習場内に無許可で立ち入り着弾地に座り込んでのろしを上げる。米兵が近づいてきたら高い草に身を潜めながら別の場所に移動し、演習を妨害するといった自分の身をまったく顧みることがない極めて強硬な運動でした。子どもを背負った母親や高齢者までが「霊峰富士を砲弾からまもれ」「文化財をまもれ」といったのぼりや英語のプラカードを持って気勢を上げました。「一九五二年に独立を果たしたのに、なぜ米軍が日本の国土で好き勝手しているのか」という思いが地域に広がっていきます。

## 狙われた烏帽子岩

反対運動が起きたのは山梨だけではありません。神奈川県茅ヶ崎市にあった米軍の演習場「チガサキ・ビーチ」を巡っても地元の大きな反発がありました。チガサキ・ビーチでは上陸演習や砲撃、爆撃訓練が行われました。砲撃訓練では沖合一・四キロの位置にある烏帽子岩が「的」になり、射撃によって烏帽子岩の先端部が欠けてしまいます。シンボルが傷つけられたことだけではなく、地元の漁師にとっては生活に関わる問題でした。漁場の位置を確認するための測量で、烏帽子岩は目印となっていました。少し欠けただけでも、海洋上ではまったく違った位置になってしまいます。地元の漁協は演習の中止を市長に申し入れます。もちろん市民も反発し、ロケット砲「オネスト・

ジョン」の発射実験もささやかれると反対運動は拡大し、米軍は烏帽子岩を狙う射撃訓練を中止。一九五九年にチガサキ・ビーチは返還されます。

## 四　沖縄の基地問題をどう伝えるか

### 本土の反対運動が原因か

沖縄への基地集中を表す言葉として「〇・六%の国土面積に七割の米軍基地」という言葉があります。その「原形」は一九五〇年代に形成されたといわれています。私たちは連載企画の前半で北富士演習場や本土各地にあった米軍基地周辺の人たちから話を聞き、反対運動が広がっていった歴史を明らかにしていきました。米国はこうした反対運動が拡大し、反米軍基地が反米につながることを懸念していました。

明確な一次資料がないために沖縄への基地集中の理由は明らかになっていませんが、背景にあったのは反対運動とみられています。まがりなりにも一九五二年に独立を果たした本土と、一九七二年まで米軍または米国の統治下にあった沖縄とでは扱いがまったく違いました。本土よりも沖縄の反対運動のほうが御しやすい、との考えがあったとみられています。そうであるならば、現在の沖縄にある米軍基地のルーツは本土の側にこそあることになります。また、米軍の優越的な地位を認めた「日米地位協定」についていえば日本国民すべてが関わり、当事者として考えなくてはならない問題であるといえます。

### 当事者意識の喚起は

沖縄の現在進行形の問題を巡っては地元紙を含め、さまざまなメディアが多様な切り口で取材し、報道しています。厚みや深さで言えば山梨日日新聞は追いつくことができません。連載企画の後半で意識したのはこの問題をどのように伝えれば、沖縄の日本復帰五〇年を機に考えるべき基地由来の騒音や環境汚染といった問題を「わがこと」として考えてもらえるのか、ということでした。一つは人を取り上げる企画でした。山梨と沖縄の両地にゆかりがある人物を通じて、沖縄返還の「五・一五」の意味合いを考えてもらうこと。もう一つは身近なものに引きつけてみる、ということでした。

沖縄県宜野湾市には「世界一危険な米軍基地」と称される米軍普天間基地があります。基地周辺では最大一二四・五デシベルの騒音を観測しています。では、一二〇デシベルというのは身近な音でたとえるとどれほどの音なのか、そもそも山梨県の日常生活でそのような騒音に遭遇することがあるのか。普天間基地が仮に山梨県甲府市の市街地にあったとしたらどれほどのサイズなのかを考えてもらうため、基地を重ね合わせた地図も作成しました。また、宜野湾市は基地に関する苦情を

**写真3　山梨県甲府市街と普天間基地の比較**

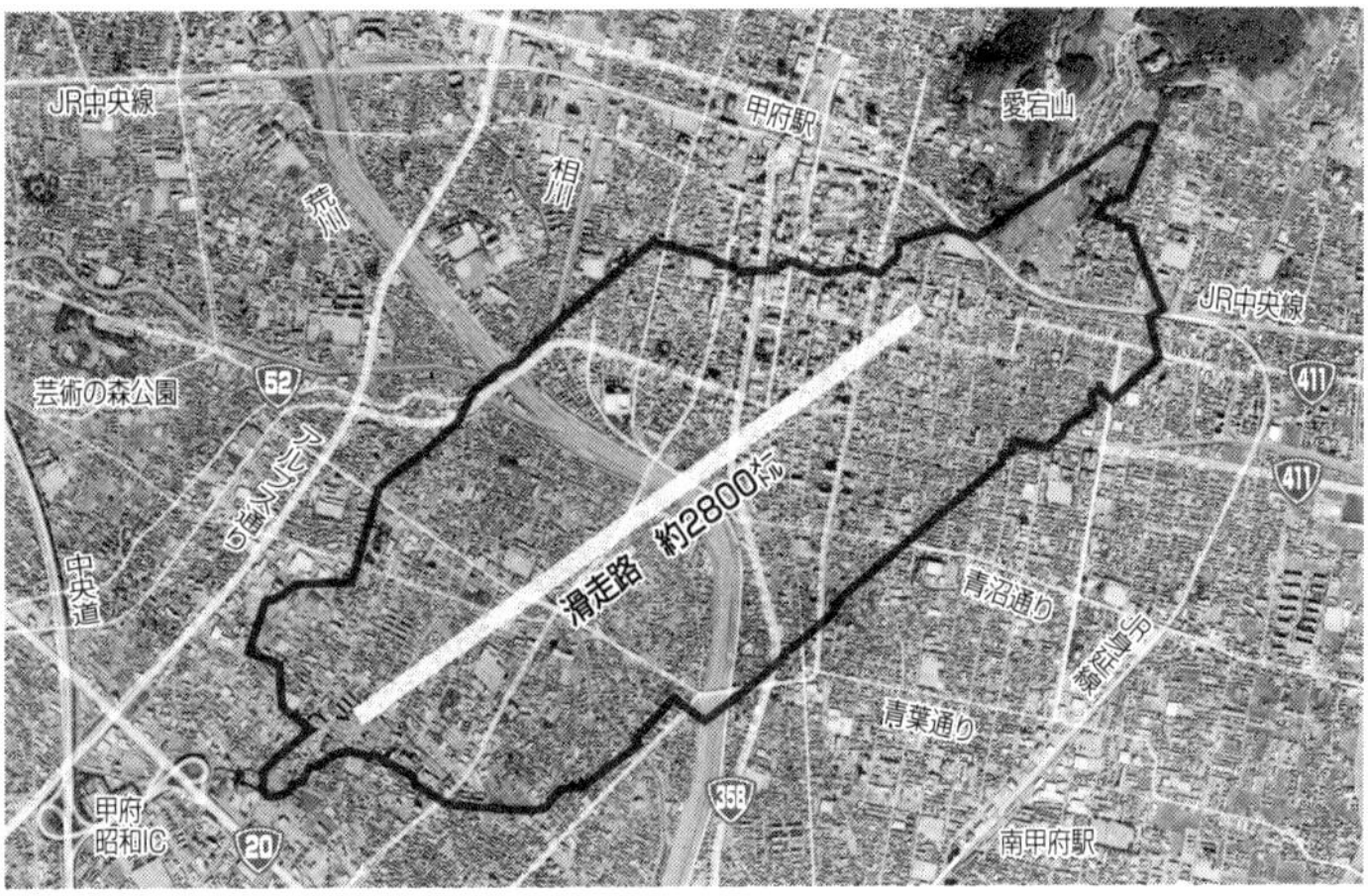


（出所）山梨日日新聞

受け付ける「基地被害一一〇番」という相談窓口を設けています。一地方公共団体がこうした対応をしなければならないこと自体が異常ですが、「米軍機の音で寝かしつけた子どもが目を覚ましてしまう」「コロナの自宅療養なんてできない」といったさまざまな具体的な相談内容を紙面で紹介することで、自分の身に置き換えたらどうであるのか考えてもらえるようにしました。

　沖縄の基地問題を巡ってはヘイトスピーチの問題があるとともに、無関心や無理解に基づいた嘲りや蔑みが深刻になっているように感じています。こうした風潮を広げないためには、確かな歴史認識や事実を伝えると同時に、わがこととして考えてもらえるような表現者としての工夫も必要だと考えます。

## 書くことで変わる

最後に「記事を書くこと」について話します。

私は二〇一五年に調達庁の実態調査の資料を手に入れていましたが、十分な記事を書くことができませんでした。そのうちの一つが、東京と神奈川の都県境にある小仏峠付近で起きた事件でした。一九四七年一月三一日、山梨県農業会の職員が米軍立川基地（キャンプ・フィンカム）の米兵に襲われ、二〇歳と一九歳の男性二人が死亡しました。当時は資料に基づいて匿名で概要だけを報じました。

今回の企画では被害者遺族の居場所にたどり着くことができました。私が遺族の家を訪ねると、亡くなった男性のめいに当たる女性は大変驚いた様子でした。突然訪問されてさぞかし迷惑だろうとの思いで伺ったのですが、その女性は「山日さん（山梨日日新聞のこと）は以前にこの件を報道されていましたよね。覚えていますよ。被害者の名前は載っていなかったですが、私の叔父のことだ、とわかりました」と言って私が当時書いた記事の紙面を部屋の奥から持ってきて見せてくれました。

男性が死亡した後、母親も翌々年に亡くなっています。男性の父親は調達庁職員労働組合宛てに「講和発動後の補償と同じ様にして頂きますれば親の身として墓標を立ててやり度く思ひます」と手紙を書いていました。取材した女性にその内容を伝えると、「祖父はそういったことは話さず、いつもにこにこしていました」と言葉を詰まらせ、「こうして来てくれたからこそ家族のことがわかって本当によかった」と取材に全面的に協力してくれました。

当時の取材については今も後悔があります。あのときにもっと深い取材をしていれば、鬼籍に入る前の当事者に話を聞けたのではないかと。ただ、無駄ではなかった。その時点でわかったことを記事として伝えることで、なにかが動き始める、ということがあります。私は今回の企画で八年前の自分自身の記事に助けられました。それは、記者の仕事に限らないのかもしれませんが、まずは一歩を踏み出してみるということが大切だろうと私は思います。

## ❖講義を終えて　分断させず、つなぐために

「富士山に米軍基地があったことを初めて知り、衝撃的だった」「米軍基地問題は沖縄だけの問題ではないのに、遠い地の出来事と深く考えようとしてこなかった」「基地問題に当事者意識を持つことが重要だと考えさせられた」。

今回の講座で学生から寄せられたコメントです。

感想を読んで思い出したのは、七年前の記念講座に招かれ、ひきこもりを扱った山梨日日新聞の連載「扉の向こうへ」について話したときのことでした。

米軍基地とひきこもり。

一見すると、違和感がある取り合わせかもしれません。しかし、学生から寄せられた意見は今回と似通ったものでした。

「ひきこもりの人と話したことがなく、どんなことを考えているのか知る機会になった」「怠けているだけだと思っていたが、本人も家族も苦しんでいるとわかった」「ひきこもりは社会が向き合わなければならない課題と再認識した」。

ひきこもり当事者や家族の心境は、接することがなければ正しく理解することは難しいかもしれません。偏見や先入観が先に立ち、思い込みだけで問題を語ってしまうこともあるでしょう。

こうした問題を俯瞰すると、領域の中心に多数者として生きていれば、周縁にいる少数者の境遇は見えづらいということであろうと思います。大都市圏にいて、食べるものに困らず、心身ともに健康

で、国籍を持ち、所属先があり、生まれた性に違和感がなく、生きづらさも感じない――。目に入らないがゆえに、知らぬがために、当事者を傷つけることもあるかもしれません。もちろん、私自身もそうしてしまう可能性があります。

「Fuji と沖縄」では沖縄の米軍基地問題を巡るヘイトスピーチも取り扱いました。諸々の発言のなかには明確な悪意があるものもあれば、知らぬことへのおそれのなさが背景にあるものもあります。どのような伝え方をすれば、このような分断の流れをとどめることができるのか、思い悩まされます。

記者ができることは当事者の声を丁寧に拾い上げ、できる限り正確な言葉に置き換え、読者に届けることです。少数者の声は大きくなく、多数者に届かぬことへのむなしさから本人が声を上げることをあきらめてしまうことさえあります。多数者の少数者への歩み寄りにつながり、問題解決に向けた建設的な議論につなげるための報道を続けていく必要があります。

受講生にはジャーナリストを目指す学生もいました。社会が移ろえばそれまでなかった新たな問題が起こります。また、それまで当然視されていたものが問題化されていくこともあります。私自身も今回の講座を通じて、新たな課題を発見し、埋もれた事実を発掘する愚直な仕事を続けることの重要性を再認識させてもらいました。

# 6　「北方領土」取材から考える新聞の役割
## ――安倍政権の対ロシア外交とウクライナ侵攻

北海道新聞東京支社　報道センター部次長
渡辺玲男

## 一　知られていない北方領土問題

### 二島返還への方針変更

北海道新聞に入社後、政治取材などに携わり、なかでも日ロ関係を長い間担当してきた私にとって、北方領土問題は非常に大きなテーマです。安倍晋三首相は二〇一二年一二月に誕生した第二次政権以降、歴代政権の中で北方領土問題について最も踏み込んだ交渉を行い、第一次政権と合わせ、通算八年八か月の在任期間の間に、プーチン大統領と計二七回の首脳会談を行いました。この間、

写真１　北海道新聞電子版で2021年7月から先行公開した「消えた『四島返還』」の特設サイト

（出所）北海道新聞（https://www.hokkaido-np.co.jp/abe-2800）

歴史的な方針転換が行われましたが、実際にどのような交渉が行われたのか、全国であまり知られていないと思います。地元メディアである北海道新聞が、その記録を残さなくてはとの思いから長期連載「消えた『四島返還』」に取り組みました（写真1）。

北方領土は択捉島と国後島、色丹島、歯舞群島のことを指し、北方四島とも呼ばれます。戦後、日本政府は、四島が不法に占拠されたとして、ソ連やその継承国家のロシアに四島の返還を求めてきました。これに対し安倍氏は、二〇一八年一一月にシンガポールで行われた通算二四回目のプーチン氏との会談の際、北方四島のうち色丹島と歯舞群島の二島だけの返還を求める大きな方針転換をしました。

ただ、安倍氏は方針転換について表立って説明をせず、「日本政府の基本的な交渉方針は変わってない」と言い続けました。そのため安倍氏に近い政治家や大手メディアでさえ、方針転換が行われた実態をよく知らず、「色丹島と歯舞群島の返還を先行させるが、最終的に四島すべての返還を目指す方針は変わってない」と思っている人がたくさんいました。大きな譲歩をしたにもかかわらず、北方領土問題は解決できないまま、安倍氏は二〇二〇年に退陣してしまいました。

## 揺れ動いてきた主張

北方領土は、ソ連が日ソ中立条約という互いの領土を侵さないという約束を破って侵攻・占領し、その後、日本が四島返還を求めてきた――。みなさんが学校の授業で教わるのはこの程度で、それ以上詳しく知っている人はなかなかいないと思います。

日本側はロシアが不法に占拠していると主張していますが、ロシア側はそうではありません。今のロシアでは、そもそも戦争を起こしたのは日本で、ソ連は侵略された中国などを解放するために参戦し、アジアを解放した――という歴史観が定着しています。最近のロシアの小中学校の教科書には、ソ連が日ソ中立条約を破って侵攻したということは、私が調べた限りでは一切書かれていません。ロシアでは、ソ連の対日参戦に問題はなく、四島はロシアの領土であると考える人が多いのです。ロシア側の立場では、ロシアがおかしい、悪いという主張自体が成り立ちません。この問題を考えていくにはその状況をしっかり理解しておく必要があると思います。

戦後の北方領土の返還交渉で、日本は四島の返還を求め続けてきたと思うかもしれませんが、実際には日本政府の主張は終始一貫していたわけではありません。例えば一九五一年のサンフランシスコ平和条約で、日本は千島列島を放棄しました。実は当時の日本政府の解釈は、千島列島には四島のうち面積の大きい択捉島と国後島が含まれるというもので、国会でもそう答弁していました。しかし、その後、日本国内で四島の返還を目指すべきであるという声の高まりや、アメリカの圧力などさまざまな経緯を経て、四島返還を求める日本政府の方針が定まったわけです。

一方、ロシア側も、一九五六年の日ソ共同宣言では、四島のうち歯舞、色丹の二島については平和条約を締結後に日本に引き渡すことを認めました。しかし、その後、東西冷戦が激化し、日本の同盟国アメリカとの関係が悪化すると、「領土問題は存在しない」という強硬姿勢を示すようになりました。このように双方とも主張が揺れ動いてきた経緯があり、両国ともに都合の悪い過去については触れたがらない傾向があることは、知っておいてほしいと思います。

## 二　近くて遠い北方四島の今

### 歯舞群島における漁業

北海道本島の一番東部のさらに沖合に続く北方領土というのは、多くの日本人にとって遠い存在だと思います。「北海道本島の」という言い方は、日本の行政区分で北方領土は北海道に含まれるため、北海道の一番東部は択捉島になるからです。私自身、北海道新聞に入社するまでは、北方領土の歴史や隣接している地域の現状について、ほとんど知りませんでした。しかし、北方領土を近くに望む北海道東部には、いまだ多くの元島民が返還に望みをつなぎながら暮らしていますし、漁業でロシアとも協力してきた歴史があります。

例えば歯舞群島の水晶島は、根室から直線で七キロ程度の距離しかありません。また根室の納沙布岬から三・七キロぐらい沖合に、貝殻島灯台という日本が統治した時代の灯台が今も残っています。この周りは良質な昆布が採れ、ロシアとの間の特別な漁業協力のもと昆布漁が今でも行われています。北方領土近くの海域は非常に豊かな漁場でもあります。しかしそこには日ロ中間ラインと呼ばれる、見えない事実上の「国境線」があります。これを越えるとロシア国境警備局に拿捕される危険があり、実際、これまで拿捕されたり、銃撃を受けて亡くなった方もいます。

## 破棄されたビザなし交流

すぐ近くに見える北方領土ですが、簡単に行くことはできません。一九八九年以降、日本政府は北方領土への渡航自粛要請を出しているからです。なぜ日本政府が渡航を認めていないかというと、ロシアのビザを取りパスポートを持って渡航することは、北方領土がロシアの領土で外国だと認めた形になってしまうからです。北方領土はロシアではサハリン州に属し、そこではロシアの法律が適用され、ロシアの通貨が流通しています。領土返還を求める日本政府としては、こうしたロシアの実効支配を日本が受け入れた形に見えることは避けたいのです。

最近まで、日本人が北方四島に行くことができる特別なビザなし交流という特別な枠組みがありました。日ロ両政府が合意に基づいて、パスポートやビザの代わりとなる、身分証明書や簡単な書類を持って渡航するもので、相互交流のために考えられた仕組みです。旧ソ連崩壊翌年の一九九二年から始まりましたが、新型コロナウイルスの感染拡大の影響で二〇二〇年から休止され、さらにウクライナ侵攻後の関係悪化に伴い、ロシア側は二二年九月に政府間合意を破棄すると一方的に表明しました。

## 現地取材の意味

私たちは地元メディアとして、北方領土の現状を伝えていくことは重要な使命の一つだと考えています。四島でロシア人がどのような生活をし、何を考えているのか、多くの人に実情を知ってもらったうえで、返還を実現するにはどうしたらいいかを考えていくべきだと思うからです。

一九八九年四月、北海道新聞の当時のモスクワ駐在記者が、日本メディアで戦後初めて北方領土

**写真2　北方領土・国後島で最大の街「古釜布」（ユジノクリーリスク）。ロシアのウクライナ侵攻直前の2022年1月下旬に北海道新聞ユジノサハリンスク支局のロシア人助手が取材した**

（出所）北海道新聞

を訪れ、現地の様子を記事にしました。当時のソ連の法律に従う形で訪問したため、日本政府から批判を受けましたが、何より現地の状況を知り、それを日本国民に伝えることでこそ解決策を探ることができると判断したからです。同年九月に日本政府が渡航自粛要請を出したため、それ以降はビザなし交流による訪問や、ロシア人の助手に北方領土に取材に行ってもらうなどの方法で、現地の情報を伝える努力を続けてきました。

　これはウクライナ侵攻が起きる直前の二〇二二年一月の国後島の写真です。国後島は北方領土で二番目に大きい島で、写真2は日本名で古釜布《ふるかまっぷ》、ロシア名でユジノクリーリスクと呼ばれる街の中心部です。この右奥の建物は一年半前にできた北方領土初のショッピングセンターで、食料品店や銀行などが入っています。写真の中央に写っている自動車は日本車です。日本では二〇~三〇年前に走っていた古いモデルで、中古車として輸出されたものだと思います。日本車は故障せず性能もよいということで、北方領土を含めてロシア極東全体で人気があります。

また、女性や子供、ベビーカーを押している人が写っているように、実は北方四島は若い年代の人が比較的多いのです。これは、僻地でも人が住むように、ロシア政府によって給料がかさ上げされている影響があります。同じ学校教諭でも大陸で教えるより北方領土で教えるほうが何割か給料が高いため、若いうちに島で稼いでから大陸に戻るという人が結構いるのです。

## 三　地元メディアならではの北方領土問題の報道

### 北海道新聞の取材体制

北海道新聞は、北海道内に約五〇か所の支社・支局、道外には東京と大阪に拠点があり、このほか海外に六か所の支局があります。このうち日ロ関係に関する取材の司令塔となるのは東京です。東京の記者は、外務省、首相官邸、内閣府、経済産業省、農林水産省、ロシア大使館などを取材します。対ロシアの外交方針を決めるのは外務省や官邸ですが、経済産業省は経済協力、農林水産省は漁業など、幅広い省庁が関わります。

北海道内では、札幌に元島民の方々の団体である「千島歯舞諸島居住者連盟」や北海道庁があり、北海道東部の北方領土の隣接地域では根室支局や中標津支局が元島民や漁業者、地元の役場などを取材します。

ロシアでは、首都モスクワとユジノサハリンスクに記者が駐在しています。ユジノサハリンスクは北方領土を事実上管轄するサハリン州の州都で、ここに日本人の記者を駐在させているのは北海道新聞だけです。他社はモスクワに支局を置いており、モスクワから極東地域や北方領土関連のニュースをカバーするケースが多いですが、日本とモスクワの時差は六時間、ユジノサハリンスクは日本より約二時間早く、モスクワと八時間も時差があります。北方領土の情報をより詳しく、迅速に伝えられるよう、ユジノサハリンスクに拠点を置いています。

日ロ関係について複数の部署の記者が取材した情報を共有するため、北海道新聞では社内専用でオンラインの掲示板を運営しています。ここに道内、道外、海外のそれぞれの現場で、記者が取材した日ロ関連の情報を日々書き込み、他の記者がその情報を見られるようにしています。こうした情報共有の取り組みが、非常に重要だと思います。

## 一〇年間の対ロ外交の記録

「消えた『四島返還』」の執筆に向け、二〇一二年の第二次安倍政権誕生以降に蓄積してきた情報メモを、一から再チェックすることから始めました。約一〇年間、日ロ関係の取材に関わってきた記者は延べ約五〇人に上り、掲示板にアップされた情報メモは計二万件を超えていました。私はこの間、一貫して日ロ取材に関わってきましたが、一～三年で担当が代わった記者もいます。しかし、担当の入れ替えがあっても代々の担当記者が人脈をつなぎ、情報を共有し続けてきました。この膨大な情報メモをチェックし直すことで、取材した当時には気づかなかったことや、大きな交渉の流れなどが、より詳細に浮かび上がってきました。

首脳会談などで提案が出される場合、実際にはかなり早い段階からそれに向けた下交渉が始まります。整理した情報を元に、関係者に再取材をすることで、例えばロシア側から北方四島での協力について極秘提案していたことなどがわかりました。

北方領土交渉は、国と国との間の大きな問題ではあるのですが、漁業者をはじめ地域の人々の日々の生活にも大きく関わっています。こうした「大きな物語」と「小さな物語」を織り交ぜながら、日ロ交渉の流れを記録したものが私たちの長期連載です。

## 安倍政権の歴史的転換を捉える

この一〇年間の日ロ取材を通じて感じたのは、部署の異なる記者同士が情報を共有したうえで、情報の精度を見極める重要性です。外交交渉ですから日本とロシア双方の思惑には当然ずれがあり、双方の立場や考え方をよく理解せずに、片一方の情報だけで記事を書くと間違いを犯してしまいます。

日ロ両国間だけでなく、安倍政権下では、日本政府内の情報の見極めが大変重要でした。外交交渉では、外務省が基本的な戦略を練り、それを官邸に上げて方針を決めるのが基本的なパターンです。しかし、安倍政権では、官邸が方針を決めて外務省に指示するという官邸主導のスタイルが際立っていました。このため外務省サイドが、官邸の方針を十分に把握できておらず、官邸と外務省の関係者の言っていることが違うことが何度もありました。官邸が外務省に方針をしっかり伝えないまま、ロシア側と直接交渉するような異例のケースもあり、官邸から出た情報を鵜呑みにせず、外務省やロシア側への取材でその実現性などを裏取りすることが不可欠でした。

安倍政権下では、首脳会談の前後になると大手メディアの報道合戦が過熱しましたが、誤報も目立ちました。しっかり裏を取らず、日本側の一部の情報だけで報じるケースが目立ったことが、背景にあると思います。私たちも結果的にミスリードしてしまった記事はありましたが、地元紙として北方領土問題の解決を願ってきた元島民の人たちを一喜一憂させるような報道は、できる限り避けようと慎重に報じるよう心がけてきました。ニュースを早く伝えることはメディアの役目ですが、情報の裏付けがしっかり取れないときは、書かない勇気も必要です。

安倍氏はさきほど述べたように、二〇一八年一一月のシンガポールでの日ロ首脳会談で、対ロ外交方針を大転換しましたが、それを公式に認めないまま退陣しました。この点についてどうしても本人に真意を聞きたいと思い、何度もインタビューを申し込み、二〇二一年一二月にようやく実現しました。安倍氏はシンガポール会談について聞いた私の問いに、「一〇〇点を狙って〇点なら意味がない。到達点に至れる可能性があるものを投げかける必要があった」と答えました。

シンガポールでの会談で、安倍氏は日ソ共同宣言を日ロ平和条約交渉の基礎にすることを提案しました。この宣言には、平和条約を締結後に歯舞群島と色丹島の二島を日本に引き渡すことが明記されていますが、残る国後、択捉の二島には一切触れられていません。安倍氏が、この宣言を「到達点」と表現したことは、四島返還を諦め、二島返還路線に転換したことを事実上認めたと言えます。

北海道新聞紙面での長期連載「消えた『四島返還』」は、このインタビューから二か月後の二〇二二年二月に第一部がスタートしました。連載開始の約二週間後にロシアのウクライナ侵攻が起き、急きょ構成を変更しながら連載を続けました。最後の第五部が始まった直後の七月には安倍氏が銃撃されて死去するという予想もしなかった事態が起き、最終回の一二五回目は安倍氏が亡くなった場面で締めくくりました。大きな動きのあった第二次安倍政権以降の一〇年間の日ロ外交を詳細に記した記録になったと思います。

## 四　隣国ロシアとどう向き合うか

### ウクライナ侵攻の日本への影響

ウクライナに侵攻したロシアに対して、岸田文雄政権は、国家元首に当たるプーチン大統領の個人資産凍結を含む、過去に例のない厳しい制裁を発動しました。岸田首相は安倍政権の外務大臣を四年七か月にわたって務めましたが、ロシアに融和的な姿勢が目立った安倍政権の官邸主導の外交について、実は当時から不満を漏らしていました。それが今回の厳しい対応につながった面があると思います。これに対してロシアは、北方四島へのビザなし交流などの政府間合意を破棄したほか、日ロの平和条約交渉を凍結しました。ロシアとの協力関係は漁業協力など一部を残すのみとなっています。

多くのみなさんにとってロシアはあまり縁のない遠い国でしょうし、今後ロシアにどう向き合っていくかと言われても、ぴんとこないかもしれません。しかしロシアが日本に隣接する大国であることは変わらない事実で、北方領土の間近で向き合って生きていかねばならない人たちもたくさんいます。特に北海道には、その影響を受ける人々が数多くおり、難しい状況に置かれています。ロシアは侵攻後、対ロ制裁を発動した日本を「非友好国」とし、事実上の敵国として扱っています。一方で、侵攻を受けたウクライナは北方領土問題について日本の立場を全面的に支持すると発表しています。このことに関しては、国際的に北方領土問題を知ってもらえるという点ではよい面もありますが、将来、日本の判断でロシアと二国間交渉を行うことが難しくなる面も出てくるかもしれません。

## 変化するロシアとの協力関係

ロシアとの協力関係の中で残っている一つがエネルギー分野です。日本が輸入している天然ガスのうち、ロシア産は一割程度を占めています。このままロシアに頼り続けていいのかという意見もありますが、一方でそれが無くなってしまうとガス価格の高騰を招く可能性もあり、日本政府はこれを維持しようとしています。

元島民からは、北方領土にある先祖の墓を訪れる墓参の再開を願う声が出ています。ビザなし交流と同じ仕組みで、以前は毎年行われていましたが、コロナ禍で中断して以来、再開できていません。ロシア政府はウクライナ侵攻後も、墓参の枠組み自体は破棄していませんが、日ロ関係が悪化した影響で交渉が進まず、実施の見通しが立たない状況です。元島民の平均年齢は八七歳を超えています。墓参は人道的な問題であり、日ロ間で再開の道を探ってほしいと思います。

二〇二二年四月に北海道東部の知床沖で観光船の沈没事故が起きた際も、日ロの協力関係が大きなポイントになりました。流された乗員・乗客のうち二人の遺体が北方領土で見つかり、これをどうやって戻すかが非常に大変だったのです。ビザなし交流の枠組みが使えなくなったことで、日本人が北方領土に遺体を引き取りに行くことができず、運んでくることも法的な課題がたくさんあり、ロシアとの協議は難航しました。事故の翌月に見つかった遺体が、北海道本島に戻ってくるまでに結局四か月もかかってしまいました。

隣接している地域ですから、今後もこういうことは十分起こり得ます。そういう意味でも、これからどうロシアに向き合い、協力関係を維持していくかは非常に重要です。今はロシアとの対話自体、無理に行う必要がないという雰囲気がありますが、厳しく指摘すべきことは指摘しつつ、対話も続ける姿勢が必要だと思います。

これからロシアとどう向き合っていくかを考えるうえで、安倍政権の対ロ外交をしっかりと検証すべきです。領土交渉としては失敗だったと思いますが、日ロ間でかつてない対話や交渉が行われたことは間違いありません。政界には、すでに亡くなってしまった安倍氏の外交を再検証すること自体をタブー視する空気もありますが、このような時期だからこそ、しっかりと検証を行い、将来のロシアとの関係の再構築に生かしていくべきです。

## 地方紙だからこその役割

もともと、北方領土問題は中央で大きな話題になりにくく、日ロ首脳会談などの前後だけ盛り上がって、その後は関心が薄れるということが繰り返されてきました。これからはさらにその傾向が強まっていくことを懸念しています。メディアには、知られていない問題を掘り起こすことと、問題を風化させないように伝えていく役割があります。北方領土問題が忘れ去られないよう、北海道新聞が粘り強く報じ続けていくことが、これまで以上に求められていると思います。

全国の人に伝えていくために推進しているのがデジタル版による発信です。「消えた『四島返還』」も、紙面での連載開始の半年前に北海道新聞のウェブページで先行公開しました。本来は新聞紙上に先に掲載するのが基本ですが、先に電子版に公開したのは、北海道以外の人に知ってほしいという思いからです。ウェブページに「#北方領土考」（https://www.hokkaido-np.co.jp/ryodo）という特設サイトをつくり、北方領土関連の独自ニュースなどを、Twitter（現X）などのSNSも活用しながら日々更新しています。デジタル時代の進展は新聞業界にとって危機ともいわれていますが、地方紙が全国の人々に情報を発信していく好機ととらえて、報道を続けていきたいと思います。

## ❖講義を終えて「近くて遠い国」に向き合う

「政治家はいつも『元島民が生きている間に』と言うが、もうしばらくしたら全員いなくなってしまう。その時、北方領土問題をどうするつもりなのか」

これは二〇二二年夏、根室市で暮らす北方領土・色丹島出身の得能宏さん（当時八八歳）が北海道新聞記者に語った言葉です。間近に望む島々の返還は実現せず、国は自由に行くことさえ認めない。戦後七八年間、国と国の間で進まない交渉に、北方領土の隣接地域は期待と失望を繰り返してきました。

講義で伝えたかったのは、これまでの北方領土交渉の歴史だけでなく、現場に「お墓参りに行けない」「自由に漁ができない」などの、小さくても切実な声があることでした。多くの学生が、隣接地域や島で暮らしている人たちの生活や思いを初めて知ることができてよかったと感想文に書いてくれました。うれしく思う一方、まだまだこの問題が知られていないことを改めて痛感しました。会場から出された「領土返還の意義をもっと明確に伝えてほしい」という意見には、不当に占拠された領土なのだから返還を求めるのが当たり前――という認識で記事を書くだけでは十分に伝わらないことにも気づかされました。

連載「消えた『四島返還』」は、二島返還に譲歩した末に解決できなかった安倍政権への批判的な視点から評価をいただくことが多いのですが、早期解決を願う隣接地域の住民のなかには四島返還という原則論にこだわってきた戦後の日本外交に対する複雑な思いもあります。どうすれば解決できるのか。ロシアとしっかり向き合わずに、問題を先送りしてきた政府や多くの政治家、メディアの側にも責任の一端があると思います。

ロシアのウクライナ侵攻が続くなか、日本政府はロシアに厳しい制裁を科し、国内でも反ロシアの空気が強まっています。講義では、日ロ関係が悪化するなかでも、隣接地域に交流再開を求める声があることを紹介しました。学生のみなさんから「そんな必要ないのでは」と否定的な声が出るかもしれないと予想していたので、「対話をしないと始まらない」「民間の交流は必要ではないか」といった感想を数多くの人が書いてくれたことには、ほっとしました。

日ロ関係への関心が薄れるなか、北海道の地元紙として粘り強く報道を続けていけるか、これからが本当の正念場だと思っています。感想文に「地方紙の存在意義について今回の授業で気づいた」という声があったことは大変励みになりました。ビザなし交流も途絶え、北方領土での現地取材は困難な状況が続いていますが、ＳＮＳなどを使うロシア人島民が増え、以前より島の様子をうかがい知ることができる面もあります。「近くて遠い」とも言われるロシアに向き合い、一人でも多くの人に関心を持ってもらえる報道のあり方を考えていきたいと思います。

# 討論　データ時代の調査報道を考える

# シンポジウム　データジャーナリズムとは何か
## ――データ分析と可視化報道の現在地

コーディネーター
瀬川至朗

「石橋湛山記念 早稲田ジャーナリズム大賞」記念講座シンポジウム2023として、「データジャーナリズムとは何か――データ分析と可視化報道の現在地」を開催します。

官民のオープンデータなどを活用するデータジャーナリズムは、デジタル時代の調査報道として注目を集めています。特に、新型コロナ感染症のパンデミックにおいては、世界各国のメディアが、感染関連データをさまざまな視点でビジュアルに見せることで、パンデミックの状況や問題点を市民に伝えました。また、国内では、交通事故のオープンデータを分析して、事故が多発している小さな交差点を「見える化」した記事やサイトが、社会課題の解決につながる報道として反響を呼んでいます。

本シンポジウムでは、こうしたデータジャーナリズムを実践する二人にご登壇いただき、データジャーナリズムの取り組みや意義、課題について語っていただきます。

（本シンポジウムは二〇二二年五月一八日、早稲田大学大隈記念講堂小講堂で開催しました）

# 一 「みえない交差点」の可視化で社会課題の解決に貢献

朝日新聞 編集局デジタル企画報道部
山崎啓介

## データ分析ができる記者として

今は記者という仕事をしていますが、二〇〇八年にシステムエンジニアとして入社しました。新聞社のなかにいるシステムエンジニアのイメージがわかないかもしれませんが、記者が書いた原稿を社内のシステムに登録したり、受注した広告と記事とをあわせて組んだり、実際に販売店に送ったり、いろんなシステムがありそれらを開発しています。ほかには朝日新聞デジタルのデジタル版アプリ、ウェブサイトも自社で開発・管理しています。

記者が使うシステムを担当しているなかで、実際に現場に出て、どういうふうに記者がそのシステムを使っているのかというのを学ぶ必要があり、異動が決まったというのが、システムエンジニアだった私が報道という畑違いの分野に移った経緯です。その後、記者とエンジニアを行ったり来

写真１　部屋を埋め尽くす47都道府県議の政務活動費の領収書類

（出所）朝日新聞

たりしています。

二〇二一年にデータジャーナリズムを社として力を入れていこうということで、デジタル企画報道部（旧デジタル機動報道部）ができました。そのなかでプログラムが書けて、取材・記事の執筆ができる人材として同部に配属になり、データ分析ができる記者として仕事をしています。

## データは次世代のオイル

調査報道では、大量の資料データを調べるという作業は欠かせません。たとえば全国の地方議員が使う政務活動費は税金から出ますが、政務活動費が正しく使われていないのではないか、ということが社会問題になったことがありました。

その際に、政治家の政務活動に関する報告書を全国から資料をコピーして集め、めくり作業といわれますが、社内で資料を一枚一枚めくって、そのなかからあやしいお金の流れとか、不適切なのではないかと思われるものを見つけるという作業を人力で行いました。調査報道はこのように人力をかけて行われてきたものが多かったです。この仕事はとても大事で今でも使われる手法です。

とはいえ、インターネットが生まれて成熟もしてきた昨今、エクセルやCSVといった表形式のデータ、SNSではTwitter（現X）とかFacebook、YouTubeなども出てきました。さらにこれだけではなく、買い物とかみなさんのキャッシュレスのアプリのデータとか、日々の人々の行動に関するさまざまなデータもかなり精緻なものまで集まるようになってきています。

そういう世の中になったなかで、データというのは次世代のオイルであると言われています。大学でもデータサイエンス学部が設立されたり、データ分析に注目が集まってきたりしています。

企業は、そういった大量のデータを解析して、新しい商品作りにいかしたり、マーケティングに活用したりしています。そのようななかで、メディア企業でも取材にデータを使うことによって、今まで見えていなかった社会課題などが見つかるのではないかというところで、今、データジャーナリズムが非常に注目されています。

## 警察庁の交通事故データを分析

私が企画した「みえない交差点」というプロジェクトについてご紹介したいと思います。どのようなニュースかというと、警察庁は、交通事故がどういう状況や場所で起きているのかというデータを、オープンデータとして二〇二〇年から公開し始めました。我々はこのデータのなかの場所を示す緯度と経度を、独自にプログラムを作って分析することで、事故が多い交差点を調べました。

すると、各都道府県警が発表している事故が多くて危険な交差点ワースト5などのランキングに入っていないけれども、事故が多くて危険な交差点というのが全国各地に存在することがわかりました。紙面やデジタル版で連載記事を掲載し、さらに、デジタル版ではそういったその県下ワーストほどでないにしても、自分の家の周りで繰り返し事故が起こっている場所を調べる検索マップなど、記事以外のさまざまなコンテンツも発表しました。

では、どのように取材を進めたのかというと、まずは警察庁が公開していた二年分の交通事故の統計データを分析するところから始めました。調査を始めた当時は、まだ交通事故が多いのに見過ごされている交差点が世の中にあることをまったく知らなかった段階です。約七〇万件の事故に関する数字のデータをひたすら眺めながら、どういった視点で分析すれば記事につながるのか、取材の端所を探しました。

このデータは、緯度・経度のほかに事故の日にち、曜日、天候、当事者の年代とか、そういう細かい情報が入っています。どのようにデータに向き合ったかというと、このデータからどんなニュースが見えるのか、たとえば子供、小さなお子さんが事故に遭いやすい場所が、もしかしてこのデータから導き出せるのではないかといった着眼点です。何曜日に事故が多いのかなど、仮説と検証を繰り返し、チーム全員で話し合って試行錯誤しました。

そのように考えた仮説と検証から得られた結果にニュースになりそうなものが見出せず煮詰まっていたなかで、まずは事故多発交差点のランキングを作ってみようという話になり、緯度と経度の情報から事故が多い場所を見つけてみようと、プログラミング言語のPython（パイソン）で試しにランキングを出しました。

交通工学を専門とする大学の教授にそのランキングを見ていただき、ランキングの上位から順にインターネットで地図を見ながら話していくなかで、たとえば大きな高速道路のトンネルのなかの下りからだんだん上りになっていくような直線道路で追突事故が多そうだとか、大きな県道の交差点で交通量が多いので事故が多そうだ、という話がいろいろ出ました。

そのうち、市道とか街のなかにあるような小さな道路の交差点、車もあまり通っていないところで、事故が多い地点がランキングに入っていることがわかりました。交通量に比べて事故が多い交差点があるから詳しく調べたほうがいい、というアドバイスをその教授の方にいただきました。

写真２　「みえない交差点」の一つの静岡県沼津市の交差点

（出所）朝日新聞

## 統計に表れない〝危険な交差点〟

そのうちの一つは静岡県の交差点で、静岡県警の交通事故を分析する担当官を取材しました。取材してみたら地元の警察署の警察官は事故が多いことを知っていましたが、警察本部では把握していなかったことがわかりました。

なぜそのようなことが起きてしまっていたのか詳しく聞いてみると、今まで警察が調べていた事故が多い交差点は、信号機が付いていて名前がある大きな交差点だけでした。我々はそういう場所だけではなく、細かくまなく、危険な交差点を調べるプログラムを作ったので、こういう場所を見つけることができました。

そこで、これまでは試作プログラムで分析

しており、事故の数が正しく数えられていない可能性があったため、新たに正式版のプログラムを作ることにしました。狭い道路でも事故が多い交差点を漏れなく、自動的に見つけられるようにするにはどうしたらいいのかというロジックを、専門家の方と一緒に考え、プログラムを作り、全国的に同じような事故が多発しているけれども警察が把握していないような場所がないかどうかを調査し始めました。

### 見直された交通事故対策

「みえない交差点」というプロジェクトでは、全国の事故検索マップのシステムを作り、朝日新聞のウェブサイトで見られるようにしました。住所を検索するとそのまわりで事故が起きた場所が出てくるようになっています。自分の家や学校の周りのどういう場所で、事故が実際に多く起きているのかを全国どの場所でも検索できます。全国で一〇〇か所ぐらいあった、事故が多く起きている本当に危険な交差点もそれを一目でわかるように赤い丸で表示しました。

危険な交差点だけではなく、実際に事故が起きた場所を濃い青い点にしたり、死亡事故になってしまった場所を水色の点にしたりするなどして、視覚的にわかりやすいマップになるよう心がけました。

「みえない交差点」の連載とこのマップが、みなさんから高評価をいただきました。さまざまな

写真3　「みえない交差点」交通事故検索マップ

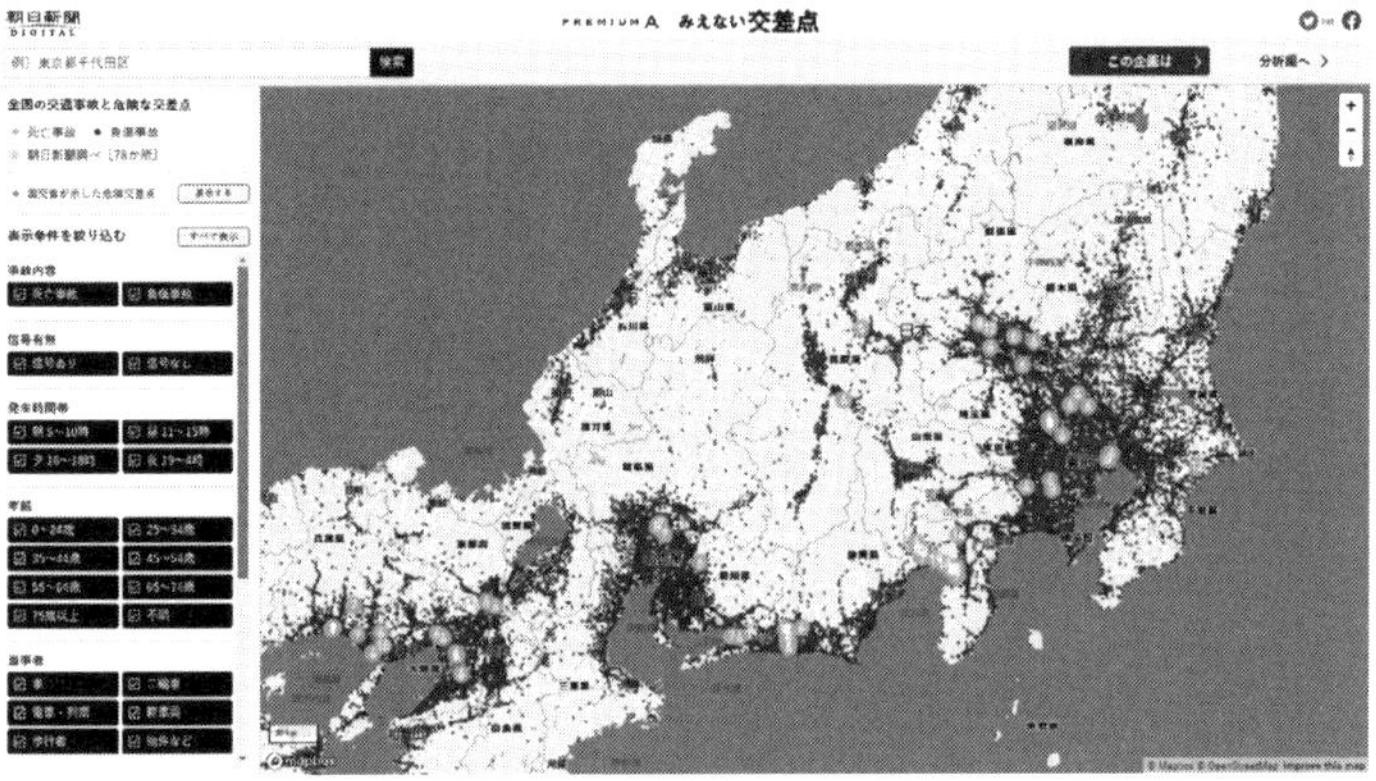


（出所）朝日新聞

同業他社の方や一般の方からポジティブな内容の意見をいただいて、予想以上のページビューとシェア数をいただきました。

さらに、データを元にした問題提起をしたことで実際に警察も動きました。さきほどお話しした静岡の交差点は危険な交差点だというのがデータからわかったので、新たに一時停止の規制をもうけて実際に事故が減っています。

また、警察のシステムが変わりました。報道を受けて、全国の警察が小さな交差点も含めて危険な交差点を抽出できるように警察庁が新しい解析ツールを作り、それを全国の都道府県警に配るという変化も起きました。データジャーナリズムでは、危険なことを客観性も含めて示すことによって、社会や国も動かせるということです。四月に公開して二か月ぐらいで警察庁も動いたのでかなり素早い対応でした。

さらに、この企画が、インターネットメディアアワードという賞のグランプリを受賞しました。評価点としてはニュース性、交通事故の分析システムの課題をみつけただけではなくて、マップの使いやすさとデザインを、総合的に評価していただきました。データジャーナリズムの進化、力を発揮したコンテンツというふうに評価していただき大変嬉しいです。

### データジャーナリズムに携わりたい人に

私の主観ですが、データジャーナリズムの実践に必要な要素は三つあると思います。取材・執筆の能力、データを分析するためのスキル、それを可視化する能力の三点です。

取材や執筆を現場で繰り返し、ニュースの勘所をつかめるようになると、よい仮説作りにつながります。また、自分で分析したことを自分で取材することができれば、効率的にアウトプットまで進めることができます。

データの分析では、有名なプログラム言語のPythonやR言語のスキルを身につけるといいと思います。また、私はデータアナリスト養成講座を受けたり、分析コンペに挑戦したりして勉強しました。分析コンペへの参加は強くおすすめします。無料で誰でも参加できます。上位には入らなくても挑戦してみて、世界のエンジニアがどういうコードを書いているのか、どういうふうに書くと分析の成果が上がるのか、勉強しながらプログラムを学びました。

最後に、ビジュアライゼーションでは、フローリッシュ、データラッパーなどのプログラミングが不要なツールでやってみて、慣れてきたらJava Scriptをやってみるといいと思います。私はこれらのスキルを三年くらいかけて学びました。もしもデータジャーナリズムに興味があるなら、一・二年生の方は時間があるので一年に一つスキルを学んで、卒業するときにはデータジャーナリズムを一人で完結できるようなスキルを身につけるように勉強してみてはいかがでしょうか。

みなさんがもしもデータジャーナリズムに興味があったら、このような視点で勉強していただいて、ゆくゆくは記者として一緒に仕事ができたら嬉しいです。

## 二　新型コロナ禍を経て高まる「データ可視化」の重要性

Google News Lab ティーチング・フェロー
荻原　和樹

### データジャーナリズムに携わるまで

まず自己紹介させていただきます。大学を卒業して東洋経済新報社に入社し、企業のデータを掲載する雑誌『会社四季報』『就職四季報』などのデータをメンテナンスする部署に配属になりました。その後データジャーナリズム、データビジュアライゼーションに興味を持ち、イギリスに留学をしてデザインの勉強をした後、東洋経済オンラインというウェブメディアの編集部や、週刊東洋経済という週刊誌の編集部などに所属しました。そこで、データビジュアライゼーションを活用した報道コンテンツの開発、デザイン、記事執筆に携わりました。その後、ニュースアプリのスマートニュースという会社のメディア研究所に在籍しました。報道に役立つオープンソースのデータを公開するプロジェクトなどに関わっていました。それからグーグルに移り、日本の報道機関をサポートする部署で報道機関、大学向けにデジタルスキルのトレーニングをする仕事をしております。

これまで、3Dの地球儀、インタラクティブな地図、あるいは一枚の画像でストーリーやメッセージを伝えるインフォグラフィック、一つのテーマに関してワンストップでいろいろなグラフや地図などが見られるデータダッシュボードなどの作品を作ってきました。

## データが注目された新型コロナウイルス感染症

さて、二〇二〇年に新型コロナウイルス感染症が拡大した時期、日本において最も多くシェアされた報道コンテンツは何でしょうか。正解はデータでした。二〇二〇年二月に東洋経済オンラインで、新型コロナウイルス感染症の国内の状況、データダッシュボードを公開しました。その時は一週間で制作して、公開後に改修を繰り返しました。一年の間にFacebookで約一二万回、Twitter（現X）で一〇万回シェアされ、あわせて公開したデータも学術論文で九〇回以上引用されています。独自情報や速報よりもデータに対する注目が高かったのは印象的なことでした。

その後、東京都、厚生労働省などの行政機関をはじめとするメディアも同様のページを公開しました。同じデータを使ってもメディアによって提示の仕方、表現が変わることもわかりました。

## パンデミックの情報発信で気を付けたこと

このダッシュボードを作るときに意識したことは、コンセプトを明確に定めることでした。二〇二〇年一月ごろを覚えているでしょうか。中国の武漢で謎の感染症が流行し、日本にも上陸しつつあると盛んに報道されました。情報が錯綜し、断片的な情報が多く、全体でどうなっているのか、感染者は増えているのか、減っているのか、どう推移しているのかがわかりにくい状況でした。そこで、冷静に状況を把握できるダッシュボードにすることを第一のコンセプトとしました。具体的には、赤や黄のような警告色・危険色といわれる色はなるべく使わず、落ち着いた色調にしました。速報は追わず、確実な情報に絞るためにデータソースを厚生労働省の発表に一本化しました。通常の報道ではデータと一緒に何らかのメッセージを伝えるのが普通ですが、あえてデータの解釈はしませんでした。

新型コロナウイルス感染症の流行初期、最も感染者数が多かったのは北海道でした。都道府県のなかで最初に緊急事態宣言を出したのも北海道です。地域差別や風評被害を懸念して、地図で北海道を赤く表示したり、北海道は危険という表示をするのは避けるようにしました。具体的には、ダッシュボード公開当時は「感染が確認されているかどうか」の二色だけで分け、情報量を落とすことによって地域差別や風評被害を抑えることを狙いました。そのように、冷静に状況を把握できるというのをコンセプトにダッシュボードを作りました。

## 最も重要なスキルは「編集」

データビジュアライゼーションで最も重要なスキルはデータの「編集」です。日本における新型コロナウイルス検査陽性者（感染者）数は、その日に厚生労働省や都道府県が把握した数です。いつ発症したか、いつ感染したかではありません。データを扱う医療機関、保健所、役所は土曜、日曜に休みとなるため、その翌日の数字、日曜や月曜あたりの感染者数が少ない傾向にあります。昨日と比較した増減に一喜一憂してしまうのは本質的ではないわけです。そこで、一週間の平均を取る、つまり曜日の違いを平準化することにしました。データの数字だけを追っている限りは出てこない発想ではないかと思います。データの意味や内容、データが収集されている背景や理由を踏まえてデザインする必要があるということです。それを私はデータの編集と呼んでいます。プログラミングや分析、デザインと違って見過ごしやすく、見えにくいスキルですが、非常に大事なスキルです。

データビジュアライゼーション、つまりデータ可視化というのは、データから視覚表現への翻訳です。普通は人が理解できない数字の羅列、データを私たちが理解できる言語、直感的に理解できる視覚表現に翻訳する、ということです。たとえば、フランス語から日本語に翻訳するようにデータの視覚表現を翻訳するということです。翻訳と同じく、データビジュアライゼーションにおいて絶対唯一の正解はありませんが、工夫によってその精度を上げることができる。私たちが理解できる情報量を増やすことができると思います。

### ナイチンゲールとインフォグラフィック

データビジュアライゼーションは、一九世紀から説得の技術として使われていました。一九世紀の看護師、クリミアの天使というニックネームで有名なフローレンス・ナイチンゲールは、看護教育のパイオニアとして知られていますが、一方で統計学者としても非常に重要な功績を残しています。

ナイチンゲールはクリミア戦争で、従軍看護師としてトルコの野戦病院に配属されます。そこで劣悪な衛生状況による兵士の死亡を目の当たりにし、対策のために軍部を説得しようとして、インフォグラフィックを制作しました。全体がバラのような形をしているのでローズダイアグラム、また鳥のトサカにも見えるため鶏頭図とも呼ばれます。

ここでは兵士の死亡原因を、一か月ごとに扇型の図形にして並べて推移を表しています。一八五四年の四月から二年分が描かれています。扇を死亡原因によって負傷によるもの、感染症によるもの、その他の三色に分け、扇型の図形の大きさに反映させることで増減がわかるようになっています。

一番多かった死亡理由は感染症でした。予防可能な感染症による死亡が非常に多いことが、図と一緒に書かれた文章でも強調されています。ナイチンゲールはこれを基に、感染症による死亡が非常に多く、衛生状態を整えれば死者数を減らすことができることを示しました。翌年のデータでは、感染症による死亡の割合が非常に小さくなったことがわかります。現状がどうなっているのかデータで伝えて説得するために、一〇〇年以上前からデータビジュアライゼーションは使われています。ナイチンゲールの事例は、データによる説得のお手本の例として知られています。

## 世界で最初のデータジャーナリズムの記事

データジャーナリズムも、一八〇〇年代から発展してきました。一八二一年、イギリスの新聞、ガーディアンの前身であるマンチェスター・ガーディアンが、世界で最初にデータジャーナリズムにあたる記事を掲載したといわれています。図表1は、マンチェスターにおける地域別の学校名、生徒数、公的支出金額をまとめたものです。公的支出というのは無償教育の対象の生徒数にあたり、貧困状態にある生徒が地域別にどの程度いるかがわかります。匿名の政府関係者からの情報で、公式発表では八〇〇〇人程度だった無償教育の対象生徒数が、実際には二万五〇〇〇人、三倍以上いることがわかりました。この報道は当時センセーションを巻き起こしたといわれています。今日ではコンピューターによって制作されることが圧倒的に多いデータジャーナリズムですが、紙の時代、二〇〇年以上前からデータジャーナリズムが存在しています。その後、コンピューターの発展とともにデータジャーナリズムは進歩してきました。

データジャーナリズムは、すでに世界中に広がっています。データジャーナリズムの分野で有名な賞の一つである、シグマ・データジャーナリズムアワードには、アメリカやヨーロッパだけではなく、中国、インド、オーストラリア、アフリカ、ラテンアメリカからも出品がたくさんあります。応募作品数でみると、日本は一一、台湾は三七、フィリピンは二九、ブラジルは六五、メキシコは

**図表1　マンチェスターにおける地域別の学校名、生徒数、公的支出金額の概要**

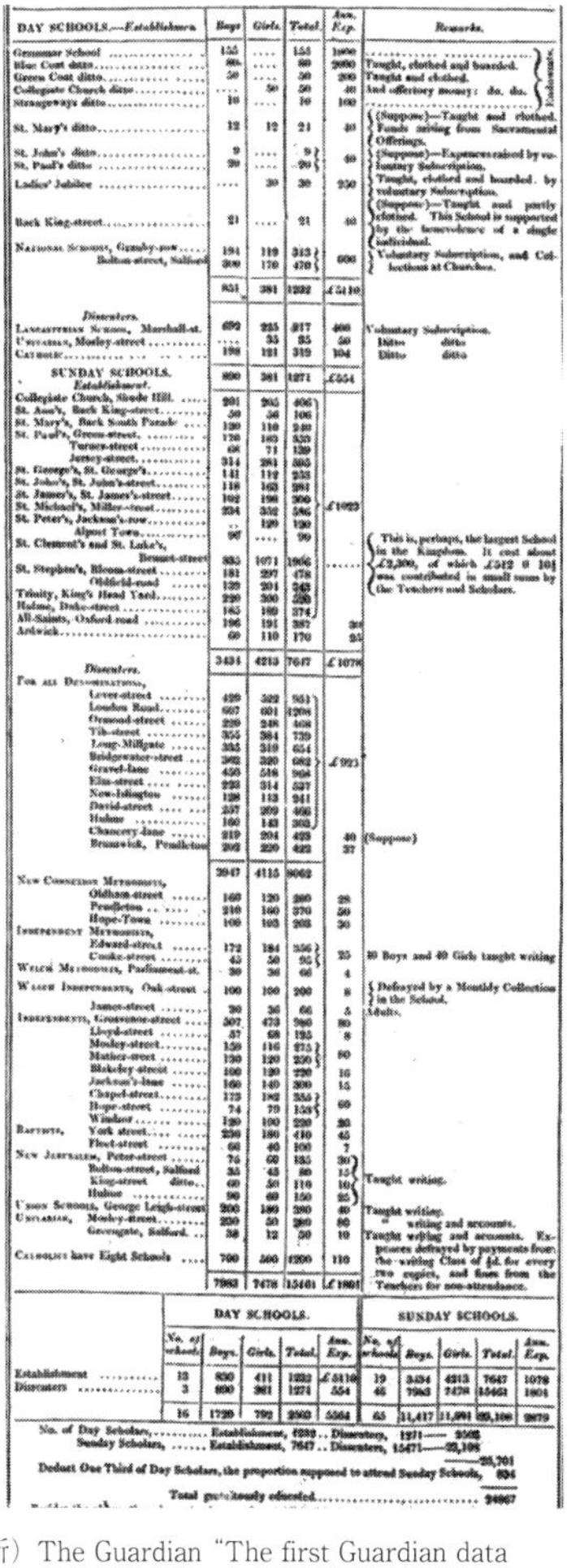

| DAY SCHOOLS.—Establishment. | Boys | Girls. | Total. | Ann. Exp. | Remarks. |
|---|---|---|---|---|---|
| Grammar School | 155 | .... | 155 | 1000 | |
| Blue Coat ditto | 80 | .... | 80 | 2000 | Taught, clothed and boarded. |
| Green Coat ditto | 50 | .... | 50 | 200 | Taught and clothed. |
| Collegiate Church ditto | .... | 50 | 50 | 40 | And offertory money: do. do. |
| Strangeways ditto | 10 | .... | 10 | 100 | |
| St. Mary's ditto | 12 | 12 | 24 | 40 | (Suppose)—Taught and clothed. Funds arising from Sacramental Offerings. |
| St. John's ditto | 9 | .... | 9 | 40 | (Suppose)—Expences raised by voluntary Subscription. |
| St. Paul's ditto | 20 | .... | 20 | | |
| Ladies' Jubilee | .... | 30 | 30 | 250 | Taught, clothed and boarded, by voluntary Subscription. |
| Back King-street | 21 | .... | 21 | 40 | (Suppose)—Taught and partly clothed. This School is supported by the benevolence of a single individual. |
| NATIONAL SCHOOLS, Granby-row | 194 | 119 | 313 | 600 | Voluntary Subscription, and Collections at Churches. |
| Bolton-street, Salford | 300 | 170 | 470 | | |
| | 851 | 381 | 1232 | £5110 | |
| *Dissenters.* | | | | | |
| LANCASTERIAN SCHOOL, Marshall-st. | 692 | 225 | 917 | 400 | Voluntary Subscription. |
| UNITARIAN, Mosley-street | .... | 35 | 35 | 50 | Ditto ditto |
| CATHOLIC | 198 | 121 | 319 | 104 | Ditto ditto |
| | 890 | 381 | 1271 | £554 | |
| SUNDAY SCHOOLS. *Establishment.* | | | | | |
| Collegiate Church, Shude Hill | 201 | 205 | 406 | | |
| St. Ann's, Back King-street | 50 | 56 | 106 | | |
| St. Mary's, Back South Parade | 130 | 110 | 240 | | |
| St. Paul's, Green-street | 170 | 163 | 333 | | |
| Turner-street | 68 | 71 | 139 | | |
| Jersey-street | 314 | 281 | 595 | | |
| St. George's, St. George's | 141 | 112 | 253 | | |
| St. John's, St. John's-street | 118 | 163 | 281 | | |
| St. James's, St. James's-street | 102 | 198 | 300 | £1023 | |
| St. Michael's, Miller-street | 234 | 352 | 586 | | |
| St. Peter's, Jackson's-row | .. | 120 | 120 | | |
| Alport Town | 97 | .... | 99 | | |
| St. Clement's and St. Luke's, Bennet-street | 835 | 1071 | 1906 | ...... | This is, perhaps, the largest School in the Kingdom. It cost about £2,300, of which £512 0 10½ was contributed in small sums by the Teachers and Scholars. |
| St. Stephen's, Bloom-street | 181 | 297 | 478 | | |
| Oldfield-road | 139 | 201 | 340 | | |
| Trinity, King's Head Yard | 229 | 300 | 529 | | |
| Hulme, Duke-street | 165 | 189 | 374 | | |
| All-Saints, Oxford-road | 196 | 191 | 387 | 30 | |
| Ardwick | 60 | 110 | 170 | 25 | |
| | 3434 | 4213 | 7647 | £1078 | |
| *Dissenters.* For all Denominations, | | | | | |
| Lever-street | 429 | 522 | 951 | | |
| London Road | 607 | 601 | 1208 | | |
| Ormond-street | 220 | 248 | 468 | | |
| Tib-street | 355 | 384 | 739 | | |
| Long-Millgate | 335 | 319 | 654 | | |
| Bridgewater-street | 362 | 320 | 682 | £923 | |
| Gravel-lane | 450 | 516 | 966 | | |
| Elm-street | 223 | 314 | 537 | | |
| New-Islington | 128 | 113 | 241 | | |
| David-street | 237 | 259 | 496 | | |
| Hulme | 160 | 143 | 303 | | |
| Chancery-lane | 219 | 204 | 423 | 40 | (Suppose) |
| Brunswick, Pendleton | 202 | 220 | 422 | 37 | |
| | 3947 | 4115 | 8062 | | |
| NEW CONNEXION METHODISTS, | | | | | |
| Oldham-street | 160 | 120 | 280 | 28 | |
| Pendleton | 210 | 160 | 370 | 50 | |
| Hope-Town | 100 | 103 | 203 | 30 | |
| INDEPENDENT METHODISTS, | | | | | |
| Edward-street | 172 | 184 | 356 | 25 | 80 Boys and 40 Girls taught writing |
| Cooke-street | 45 | 50 | 95 | | |
| WELCH METHODISTS, Parliament-st. | 30 | 36 | 66 | 4 | |
| WELCH INDEPENDENTS, Oak-street | 100 | 100 | 200 | 8 | Defrayed by a Monthly Collection in the School. |
| James-street | 30 | 36 | 66 | 5 | Adults. |
| INDEPENDENTS, Grosvenor-street | 507 | 473 | 980 | 80 | |
| Lloyd-street | 57 | 68 | 125 | 8 | |
| Mosley-street | 159 | 116 | 275 | 80 | |
| Mather-street | 130 | 120 | 250 | | |
| Blakeley-street | 100 | 120 | 220 | 16 | |
| Jackson's-lane | 160 | 140 | 300 | 15 | |
| Chapel-street | 173 | 182 | 355 | 60 | |
| Hope-street | 74 | 79 | 153 | | |
| Windsor | 120 | 100 | 220 | 20 | |
| BAPTISTS, York street | 230 | 180 | 410 | 45 | |
| Fleet-street | 60 | 40 | 100 | 7 | |
| NEW JERUSALEM, Peter-street | 75 | 60 | 135 | 30 | Taught writing. |
| Bolton-street, Salford | 35 | 45 | 80 | 15 | |
| King-street ditto | 60 | 50 | 110 | 10 | |
| Hulme | 90 | 60 | 150 | 25 | |
| UNION SCHOOLS, George Leigh-street | 200 | 180 | 380 | 40 | Taught writing. |
| UNITARIAN, Mosley-street | 230 | 50 | 280 | 80 | " writing and accounts. |
| Greengate, Salford | 38 | 12 | 50 | 10 | Taught writing and accounts. Expences defrayed by payments from the writing Class of ½d. for every two copies, and fines from the Teachers for non-attendance. |
| CATHOLICS have Eight Schools | 700 | 500 | 1200 | 110 | |
| | 7963 | 7478 | 15441 | £1801 | |

| | DAY SCHOOLS. | | | | | SUNDAY SCHOOLS. | | | | |
|---|---|---|---|---|---|---|---|---|---|---|
| | No. of schools | Boys. | Girls. | Total. | Ann. Exp. | No. of schools | Boys. | Girls. | Total. | Ann. Exp. |
| Establishment | 13 | 830 | 411 | 1232 | £5110 | 19 | 3434 | 4213 | 7647 | 1078 |
| Dissenters | 3 | 890 | 381 | 1271 | 554 | 46 | 7963 | 7478 | 15461 | 1804 |
| | 16 | 1720 | 792 | 2503 | 5664 | 65 | 11,417 | 11,691 | 23,108 | 2879 |

No. of Day Scholars, ........ Establishment, 1232 .. Dissenters, 1271 —— 2503

Sunday Scholars, ...... Establishment, 7647 .. Dissenters, 15471 —— 23,108

—— 25,701

Deduct One Third of Day Scholars, the proportion supposed to attend Sunday Schools, 834

Total gratuitously educated ........................ 24867

（出所）The Guardian "The first Guardian data journalism: May 5, 1821" (https://www.theguardian.com/news/datablog/2011/sep/26/data-journalism-guardian).

図表2　スクローリーテリングの事例：ロヒンギャの難民キャンプの様子

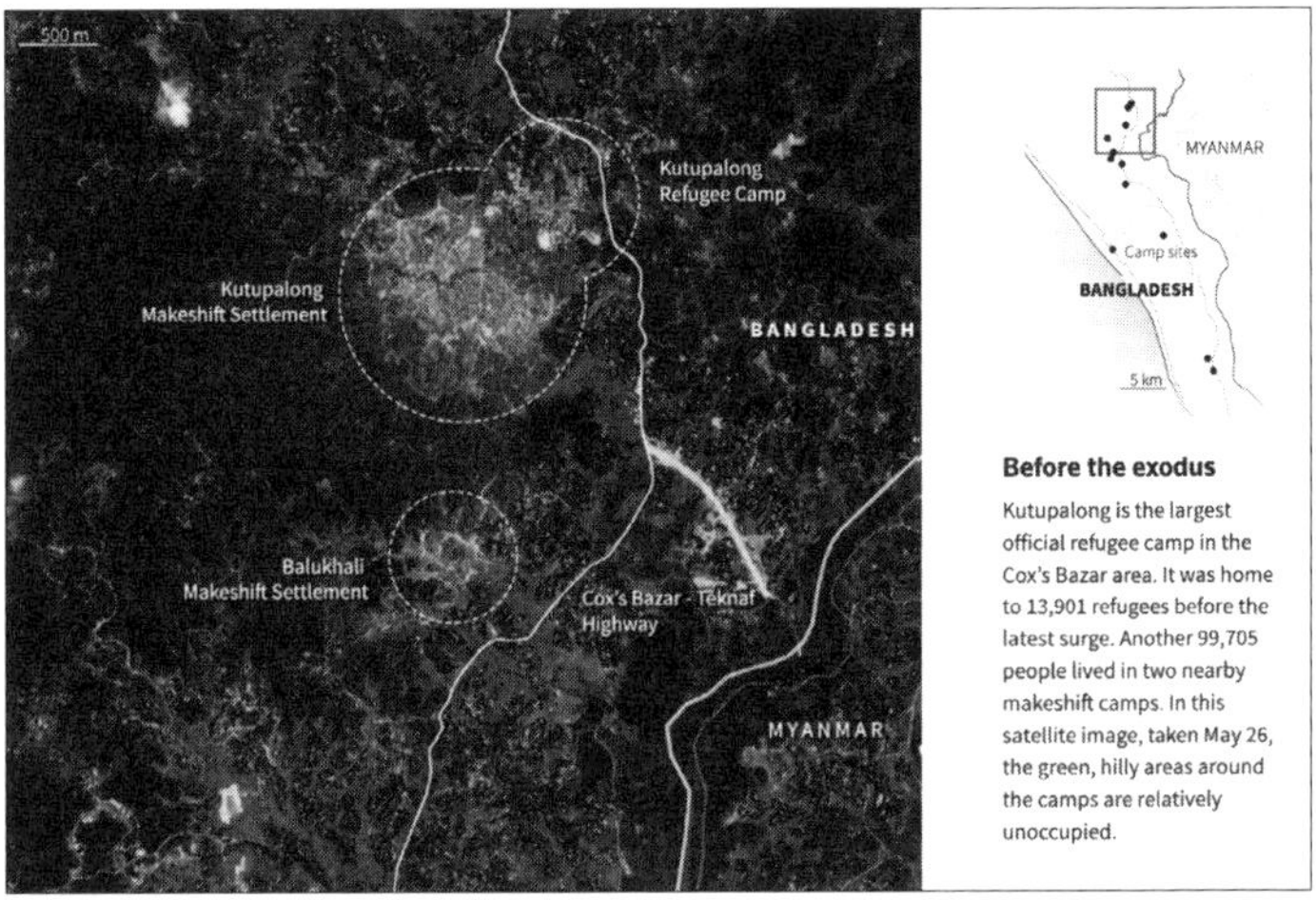


（出所）　Reuters "Life in the camps" (http://fingfx.thomsonreuters.com/gfx/rngs/MYANMAR-ROHINGYA/010051VB46G/index.html).

一九、エジプトは二一、ナイジェリアは二一作品などです。人口を考慮すると、日本からの出品はかなり少なめであるというのがわかります。日本ではデータジャーナリズムは普及途上にあるということがいえます。

### スクローリーテリング

近年よく使われている手法をご紹介します。一つはスクローリーテリングと呼ばれる見せ方です。図表2は、ロイターが二〇一七年一二月に発表したものです。ロヒンギャ族というミャンマーのイスラム系の少数民族が、ミャンマー政府から迫害されて国境周辺に追いやられ、難民キャンプに六〇万人の人々が滞在することになりました。衛星写真でその難民キャンプの様子を解析し、水飲み場の数が少なく、衛生状況があまりよくないことを、空から撮った写真を背景にしてスクローリーテリングで見せています。一般的な画像とテキストが一緒にスクロールで動くのと違い、スクローリーテリングではテキストをスクロールすると、それに合わせて背景にある地図などのグラフィックがインタラクティブに動きます。テキストとグラフィックが同時進行するスクロールとストーリーテリングを合わせた造語です。通常、横幅の異なるパソコンとモバイルでは見せられる情報に違いが出てしまうのですが、スクローリーテリングは提供できる情報量をかなり近づけることができます。

## シミュレーション

次にご紹介するのがシミュレーションです。新型コロナウイルス感染症は指数関数的に増加するといわれてきました。一人が二人に感染させる、二人が四人に、四人が八人に、……と増えていくということです。ワシントンポストでは、二〇二〇年三月に感染の広がり方において、ステイホーム、みんながなるべく動かないこと、あるいはソーシャルディスタンスを取ることがどのような影響を及ぼすのか、を表したシミュレーションを発表しました。流行の初期に発表し、この記事によってアメリカで自己隔離やソーシャルディスタンスがどのような意味を持つのか広がったといわれています。人をドットに見立てて動かし、ドットが衝突すると感染して色が変わり、回復した人は色がまた変わるようにして感染の広がり方をシミュレーションしました。一部の人を隔離したら、人が家から出なかったらどうなるか、などいろいろなケースのシミュレーションを行っています。ビジュアル上部にはグラフも一緒に表示し、感染した人、感染していない人、回復した人の数がわかるようになっています。日本語を含む一三か国語に翻訳され、ワシントンポスト史上で最も読まれたコンテンツになったといわれています。ほかにも新しい手法がいろいろと出てきており、データジャーナリズムの可能性はますます広がっていくことでしょう。

# パネルディスカッション——データジャーナリズムの現場と未来

## 「チームによる共同作業」の現場は

**瀬川**：ありがとうございました。山崎さんと荻原さんのお話で、データジャーナリズムの魅力が理解できました。しかし、データジャーナリズムがどういう現場で実践されているのかというのは、まだイメージが湧かないのかなと思います。「チームによる共同作業」というように一般にいわれますが、実際はどうなのでしょうか。

**山崎**：「みえない交差点」の取材を始めたときは二人の記者が中心になってやりました。プログラムはまず自分一人でできるところまでという感じで試作品を作りました。最終的なアウトプットを出すときはエンジニアやデザイナー、記者を中心に、さまざまな部署から一〇人以上のメンバーが集まり作りました。

**荻原**：私の場合は、一人でやることが圧倒的に多かったです。理由としては、私が東洋経済でコンテンツを作ったとき、まだデータジャーナリズムは報道現場で浸透していなかったので、面白いコンテンツを自分で作って同僚に見せる必要がありました。作る過程においても、完全に分業して計画を立てて進めていくというのは難しいんです。私の場合はデータを分析したり、可視化して、もう一回トピックから考え直す、というのを何回も繰り返して最終的に一つの作品に落としこみます。

**瀬川**：今日は大学の授業の一環でもありますので、次の質問をさせてください。山崎さんは理系、荻原さんは文系だとお聞きしています。大学時代のゼミや研究などで、どのようなことをされていたのか、それが現在取り組んでおられるデータジャーナリズムとどうつながっているのかということについて、お話しいただければと思います。

**荻原**：私は大学では心理学を勉強していました。私の指導教官は対人社会心理学が専門で、友人関係や恋愛など対人関係のいろいろなシチュエーションにおいて、科学的なアプローチを用いて自分の主観ではなく、統計的にはどういう傾向があるのかという研究が多かったです。主観的になりがちな物事に、いかに客観的な視点、数字的な視点を持ち込むかというのは、データジャーナリズムにおいても役に立っていると思います。

**山崎**：私はテキストマイニングという、あるテキストと似たようなテキストをどういうふうに機械的に見つけるか、という研究をやっていました。今でいうとＡＩとか機械学習みたいなものですが、当時は今ほどメジャーな分野ではありませんでした。

**瀬川**：荻原さんが東洋経済新報社に入られたときは、今のような状況は考えられていなかったんですよね。

**荻原**：はい。データ事業局というデータを扱う部署に在籍しデータベースの管理をしていました。データベースの言語を書き、メンテナンスしデータを整頓するような仕事をしていました。そこからデータのビジュアライズや分析に興味が出て、今の方向にいきました。今の状況は一〇年前には想像できなかった道だと思います。

**瀬川**：プログラミングやデータ可視化というのは、入社されてから勉強したのでしょうか？　独学でしょうか？

**荻原**：プログラムに関しては完全に独学です。会社の先輩が書いたコードを読んで、自分で試して本で勉強しました。記事の執筆やデザイン制作はやったことがありませんでした。まずは、自分で作品を作れるようになろうと思って、イギリスのエジンバラ大学の大学院に留学してデジタルデザインの勉強をしました。

**山崎**：私は業務が半分、独学が半分です。

**荻原**：日本だとデータジャーナリズムを学ぶことができる場所は限られているので、今、最前線で活躍されている方は元記者で、それからデータ分

**写真1　瀬川至朗氏**

析に興味を持った、独学でやった人というのが多いかと思います。

**瀬川**：そうすると関心があれば、誰でもそれなりに独学でマスターできるというふうにいえるのでしょうか？

**荻原**：はい。まだ日本のデータジャーナリズムは発展途上にありますので、みなさんもこれから新規参入をして、面白いコンテンツを出して、どんどん活躍していけるということです。

## データ可視化に重要な透明性の確保

**瀬川**：さきほど荻原さんは、大学時代の研究で、データを使うことによって対人心理学をより客観的なものにするというお話をされました。データというのは同じデータを同じように扱えば、同じ結果が出るといわれます。データは、検証可能性とか反復可能性という意味で客観的なものになっていく、そういう意味で重要なものだと思います。けれども、一方でデータというのは操作されやすい、あるいはそれを使って嘘をつくことができるともいわれます。そういう両面があるなかで、その点どのように考えられていて、気をつけられていることがあれば教えていただけますか？

**山崎**：データが嘘をついているケースと、データは嘘をついていないけれども捉え方によって嘘っぽく、例えば相関がないのに相関があるようにみえてしまい、誤った解釈をしてしまう可能性があるのは確かです。なので、我々報じる側としては自分たちだけで解釈するのではなく、なるべく専門家の方に意見をうかがって取材し、記事を書いていくということを常に心がけています。

**荻原**：報道機関が発表したデータなどに対して、信用できないとか、嘘をついているんじゃないかという反応があるのはあり得ると思います。私たちのことを信じてください、というだけだと信じてもらうのは難しい。データをどのように集計して、どのように加工して、こういうふうにビジュアライズして、こういうふうに見せますというのをすべてオープンにする。その透明性を確保するのが、誠実なデータ可視化の一歩なのではないか、信頼性を構築することなのではないかと思います。

写真2　山崎啓介氏

私が作った新型コロナのデータダッシュボードは、ギットハブというデータやソースコードを公開することができるサービスでソースコードをすべて公開しました。山崎さんは「みえない交差点」のコードを公開していらっしゃいますけれども、そういう形で誠実な情報発信っていうのは可能だと思います。

**山崎**：「みえない交差点」で、私はこういう条件でやりました、こういうコードでやりましたっていうのを公開させていただいて、予想以上に反響の声をいただきました。分析の細かな過程までオープンにすることの重要性は、あらためて感じたところです。

**瀬川**：私が関わっているファクトチェックという取り組みでは、透明性が重要です。透明性を維持することが結果を担保し、検証可能性などにみられる客観性につながるのではないでしょうか。お話を聞いて透明性を確保するのは、データを扱う場合でとても重要な観点だと思いました。

## エンジニアと記者のコラボが鍵

**瀬川**：荻原さんの発表に、日本のデータジャーナリズムの取り組みはやや遅れているということが示唆されるお話がありました。現況はどうなのか。日本でデータジャーナリズムをこれから進めていくうえでメディアにおける課題を教えていただければと思います。

**山崎**：そもそも分析するデータがまだあまりないというのが、この何年かデータジャーナリズムをやってみた感想です。「みえない交差点」で分析した交通事故のデータは、生データという集計や編集などがほぼされていない状態のものが公開されていました。もともとのデータベースにあるデータのままで公開されていたのが大きくて、そうすると我々もデータ分析しやすい。政府や自治体が昨今の情勢を受けて、オープンデータ化を進めていますが、生データの公開が進んでいなくて分析するべきものがないというのが、課題だと思います。生データを公開するのは難しいのだとは思いますが、「みえない交差点」のように今まで気づかなかった課題が見つかる可能性もあるので、データを分析しやすい形、生データに近い形で、積極的に公開していただくことが重要だと思います。

**荻原**：別の観点からお話をすると、編集局や編集部と呼ばれる、いわゆるコンテンツを作っている場所、基本的には記者が在籍する場所において、エンジニアとデザイナーとか、いろんな職種、あるいは研究者とか、いろんな職種の人たちとオープンにコンテンツを作っていけるかどうかというのが一つ課題だと思います。

写真 3　荻原和樹氏

データジャーナリズムを進めていくにあたってはエンジニアとかデザイナーの意見を取り入れていく必要があります。アメリカにプロパブリカという非営利団体の報道機関があり、データジャーナリズムの賞をたくさんとっています。プロパブリカは開発者をオーサー（書き手）として扱うというのが、ニュースルーム、報道機関においてデータチームを立ち上げるためのコツの一つだと言っています。つまり、開発者が何か指示を受け

写真４　シンポジウムの様子

て開発するのではなくて、その人たちも書き手の一人で、コンテンツを主体的に作っていくオーサーの一人として扱ってくださいということです。そのために編集局、編集部におけるチーム構成がオープンで、いろんな職種の人が参加するというのが、重要なポイントだと思います。

**瀬川**：編集局は、これまで編集や記者の人が中心だという考え方が根強かったですね。その点、どうなんでしょうか。

**荻原**：私も山崎さんも最初は技術とデータ系の部門にいて、それから編集系の部門に異動したから今コンテンツや記事を書いているというのがあります。社内でも社外でもいろんな人が関わるっていうのは、活発にデータ報道の制作が進んでいくポイントの一つかなと思います。

**山崎**：私もエンジニアと記者のコラボレーションがより密になるように社内で動きたいと思っていますが、なかなかうまくいきません。それぞれエンジニアも業務を抱えていますし、記者は記者で自分の取材が日々あるなかで、なかなか他部署と一緒に他チームのメンバーと一緒にコラボというのが、なかなかうまくいかなくて、それが課題です。

## 仮説とデータ分析について

**瀬川**：では、ここから会場のみなさんからの質問を受けたいと思います。

**質問**：荻原さんに質問です。新型コロナのダッシュボードのお話で感染者数の推移をデータ可視化されていましたが、仮説をたててそれを検証するという分析のプロセスっていうのは必ずしも必要ないということでしょうか。

**荻原**：新型コロナについて、他に出されていたコンテンツを見ると、明らかにデータが少なく、分析やオピニオンの方が明らかに多かったという状況であると、私はそのとき認識していました。ということは、きっと読者はデータをそのままフラットに見ることを必要としているんじゃないか、というのが私の仮説でした。もちろん、何か仮説を検証して分析をするというのは、データジャーナリズムの中で非常に重要なポイントの一つでもあるんですが、必ずしも分析を押し付ける必要はないいんじゃないかと。そのため、あえて独自情報、解釈、分析などはせず、そのまま世に出しました。それによってSNSとかでグラフをシェアして医師、研究者が意見を言ってもらうという構造もできたので、分析をあえてしないという選択もあり得ると思います。

**質問**：山崎さんに質問です。記事が書きやすいデータや、使いやすいデータはありますか？

**山崎**：まず自分なりに取材したり、記事を書いたりするなかで、ニュースの勘所みたいなものがあって、こういうデータからこういうことが言えたらニュースになりそうだなみたいな仮説を立てて、そこからまずデータを探して、自分の予想どおりもしくは予想に反したものだとしても、それが世の中に伝えるべきニュースだったり、社会課題だったりしたら、より深くデータ分析していくっていうことが大事で、使いやすいかどうか、という視点でデータだけを見ていないような気がしますね。そもそもデータが見つかったとしても、データ自体が正しくない可能性があって、例えば「みえない交差点」の交通事故のデータには緯度と経度という情報を活用しましたが、それらが本当に正しく入力されているのかまずは取材をして、精度がかなり高いということが確認できたので、今回、詳しく分析して記事にもできました。データがまず正しいかどうかを見るっていうのも大事だと思います。

**質問**：今後どういった分野のデータを分析してみたいというのがあったら教えていただけないでしょうか。

**荻原**：私は身近なもの、みんなが親しみを持てるような話題のものを作ってみたいです。身近な食べ物の話とか、近くにあるおいしいお店をデータ分析で特定するとか、身近な親しみやすいデータジャーナリズムのコンテンツを発表する人は今後増えると思います。

**山崎**：私は「みえない交差点」を書いた後に、ワールドカップのスポーツのデータ分析をしました。データからどのチームが今回優勝の可能性が高そうかという記事を書きました。スポーツの分野においてデータ公開はアメリカ中心に進んでいるので、スポーツのデータ分析というのは引き続きやっていきたいと思っています。

## データジャーナリズムを収益にどうつなげるか

**質問**：データコンテンツの公開と収益化についてお聞きします。例えば情報公開によって、同業他社がその手法を真似して高収益を得るということも十分起こり得ると思うんですが、データ分析の記事の信頼を高めるための透明性だったり、情報公開と、ある意味その情報を独占することによる収益を得るということの関係性はどのようにお考えになられていますか。

**荻原**：まずデータジャーナリズムにおいて情報を公開することによって収益を得るというのは、かなり難しいものです。情報はシェアされることによって、ある意味価値を持つものです。新型コロナのコンテンツのダッシュボードに広告が入っていたら見る人が不便だし、社会的な公共性の強いデータに関しては、収益化は難しいと思います。公益性の強いジャーナリズム全般、調査報道全般に関していえることで、社会的な問題というのは広がることによって価値を持つ側面が強い。そこに壁を作ってしまうというのは、広げるという論理と収益という論理がぶつかってしまいます。そのうえで私が思うのは、データジャーナリズムの技術を応用して社会的な公益性とバランスをとったうえで、サービスを展開するのは収益を上げる手段としてあり得るかなと思います。ニューヨークタイムズがやっている例でいうと、料理レシピ、ニューヨークタイムズゲームなどいろいろなサービスを展開しています。このようなウェブサービスの提供で収益を得るとか、データジャーナリズムそのものではなく他の部分でバランスをとる、という方法があり得ると思います。

**山崎**：「みえない交差点」は二〇二一年四月に記事を出し、事故発生地点検索マップのプログラムのソースコードはそれから一年後に実験的に公開しました。プログラムは会社の資産なので、すべて公開することが企業としていいのか、メリットがあるのかはソースコードを公開したことを受けての反響を含め、さまざまなことを考えながらやっていこうと思っています。一方で、データジャーナリズムは独自に集めたデータもありますが、オープンデータを解析することが多い。そのデータ自体はすでに無料で公開されているものなので、それを公開するだけでお金を取れるかというと難しいです。そういったバランス感覚を見ながら収益化と、自社のリソースをどう守るのかというのは考えていくべきだと思います。

**質問**：山崎さんのお話で、私たちでも、興味を持っている人であれば手に届くようなものであるがゆえに収益化されないものだというふうにおっしゃっていたと思いますが、そういったものをあえて民間の会社がやるというのに、どういった意義があるのかっていうのをお聞きしたいです。

**山崎**：利益を追求する側面と、社会課題を見つけるという側面の両面を考えるのがメディアの役割だと思います。そういう意味でいうと、一般的な民間企業と比べてメディアの役割はちょっと違うと思います。オープンデータを分析することで社会課題やニュースを見つけて、解決策まで提示することも社会にとっては大事なことなのかなと思っています。

**瀬川**：私のほうからも質問させてください。これまで失敗することもあったと思いますが、どのくらい失敗するものなのか、最大の失敗はどういうものかというのを少し教えていただければ。

**山崎**：確率でいうと、三〇個ぐらいデータを見て記事になるのは一つあるかないかぐらいです。日々データを探す、ニュースを探すということをやっています。「最大の失敗」と聞かれて正直思い浮かぶことがないのですが、逆に言うと失敗しないってことは仕事していないことだと思うので、逆にたくさん失敗するようにいっぱいコンテンツを出せるように日々仕事しなきゃいけないというのが、今の使命です。

**荻原**：私も山崎さんと同じで、データを見て面白い分析ができないと思ってボツにしたケースがたくさんあります。いろいろ試してみて、最後にうまくいったものをインフォグラフィックやビジュアライゼーションしているので、実はデザインにいたるまで、失敗したパターンというのはたくさんあります。

**瀬川**：ありがとうございます。それでは最後にデータジャーナリズムを目指そうとしている学生に対してメッセージをお願いします。

**山崎**：「みえない交差点」を出したときに、朝日新聞は嫌いだけど、この報道は素晴らしいと言われたことがあります。データで示すことによって、客観性がより高い報道ができると考えていて、あるメディア企業の好き嫌い関係なく、いいものだっていうふうに認めてもらう報道手法の一つだと思っています。データというエビデンス性がより高いものを元にした報道というのは、メディアの力を高めていくと思います。正直、データ報道は数字やデータを見る作業がほとんどで大変なことも多いのですが、みなさんにその壁を越えてもらって、データ報道に取り組んでもらえたら嬉しいです。

**荻原**：データ報道を扱ううえで、みなさんが一番苦手に感じるのはプログラムとかデータ分析だと思います。それだけではなく、どんなトピックが読者にとって面白いのかというネタを探す力、デザインの力、切り口を説明する能力、いろいろなスキルが必要になります。さきほどの文系理系の話でいうと、文系が必要、理系が必要という話ではなくて、どっちの世界にもブリッジできる人材というのが一番データジャーナリズムのコンテンツを作るのに向いていると思います。いろんな体験ができる非常に面白いコンテンツの制作体験だと思うので、ぜひこれから興味があったら挑戦していただきたいと思います。

**瀬川**：お二人にはこれからも頑張っていただければと思います。ありがとうございました。

## ❖講義を終えて　データ起点の報道を継続していくためには

山崎啓介

データジャーナリズムという、世間にまだ浸透しきっていないテーマの魅力がうまく伝わるか、準備の段階では不安もありましたが、講義を受けての学生からのコメントの中に「データを見ることは不得意だが関心を抱いた」などといったコメントがいくつか見受けられて、大変嬉しく思います。

今回、みなさんからいただいた講義のフィードバックに含まれた単語の個数を品詞ごとに調べてみました。

さらに、個数だけでなく、それぞれの単語のつながりも含めて調べてみると、データジャーナリズムという報道手法の重要性についての感想が多かったことに加えて、報道自体の透明性や信頼性、企業としての収益性についてもみなさんの関心が高かったようです。

データジャーナリズムの歴史は浅く、まだまだ発展途上です。パネルディスカッションで質問もありましたが、収益性や透明性、公共性のバランスをどのようにとるのかという問いへの答えを、我々メディアも見つけ出せていません。

そういったなかで、学生の方々がデータ分析の手法やそのソースコードをオープンにする取り組みや、「みえない交差点」の「事故検索マップ」のようなコンテンツを無料で公開することの、企業としてのメリットに疑問をもたれたことは大変鋭い着眼点だと思います。

ただ、模索が続く一方で、「みえない交差点」のようなデータ起点の報道の重要性が高いのも事実

写真1　フィードバックの頻出単語とそのつながりを「KHCoder」で調べた

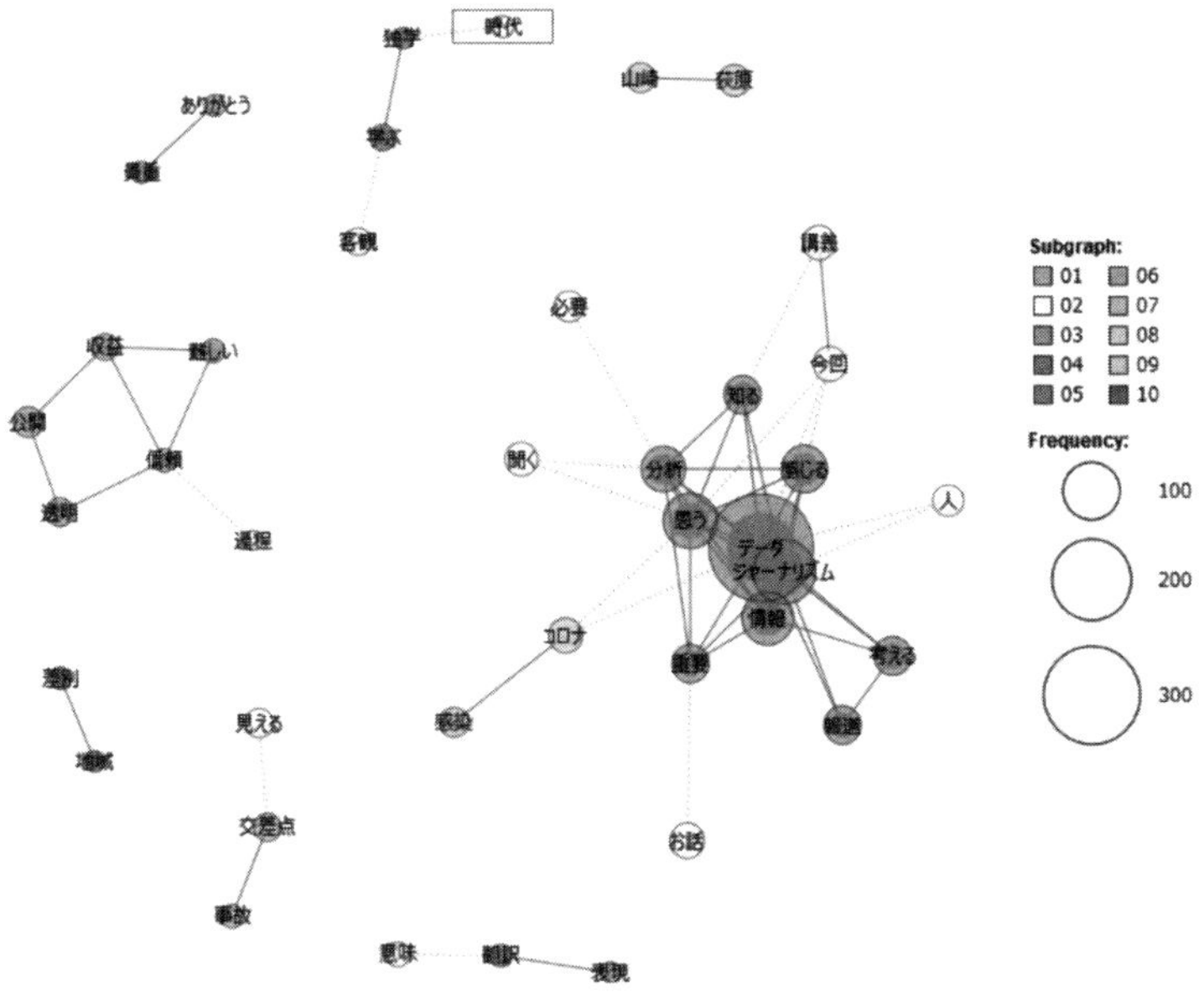


で、答えを見つけ出すためにはデータジャーナリズムによるコンテンツやその成果を出し続けることが、まずは重要なのではないでしょうか。

そのためには、まだまだ多いとは言えないデータジャーナリストの数が増えることが必要です。取材や原稿の執筆に加えて、プログラミングやデータビジュアライゼーションといった、これまで記者に必要とされていなかったスキルを使いこなすことが求められ、大変難しいイメージのある職種だとは思いますが、ぜひこういったスキルを身につけた次世代のデータジャーナリストが、今回の講演をきっかけに一人でも多く誕生してくれれば嬉しいです。

## ❖講義を終えて　多様化するデジタル時代のジャーナリズム

荻原和樹

今回のシンポジウムでは私自身も学ぶところが多かったと感じます。学生からの感想も示唆に富む内容が含まれており、刺激になりました。

### 自分視点ではなく読者（受け手）の視点で考える

講義内容では「情報量をあえて落とすこと」に興味を持った方が多いようです。講義では「あまりにも詳細に情報を可視化すると、それ自体が特定地域への差別や風評被害を生むことがある。新型コロナのダッシュボードでは、当初特定の地域に感染が偏る傾向があった。そこで差別的な言説の発生を防ぐため、あえて地図の情報量を落としてフラットに見せた」という話をしました。

データを可視化することは目的ではなく手段です。データを通じて何らかのメッセージを伝えたり、社会問題の存在を知らせるのが目的です。データ可視化においては「どんなデータを自分は発信したか」という自分の視点ではなく、「どんなメッセージを読者は受け取ったか」という受け手の視点で考えることが重要です。前者の視点だと、とにかく大量の、詳細なデータを相手に伝えることが優先されるかもしれませんが、それで相手が本当に理解できるかはわかりません。読者の視点で考えることによって、最終的に伝わる知識や示唆を最大化しつつ、誤解や差別を生む可能性を最小限に抑えることができます。

## データ可視化にはよい面でも悪い面でも人間の主観が入る余地がある

この点は、やはり印象に残った箇所として挙げた方が多かった「データ可視化とはデータから視覚表現への翻訳である」という部分にもつながります。データと聞くと、議論の余地がなく客観的なものというイメージを持たれることが多いですが、実際にはデータの選び方、集計の仕方、見せ方など人間の主観が入る余地は大いにあります。言い換えると、悪意を持ってデータ可視化を運用すればデータで人を「騙す」ことにもつながります。私もSNSなどで、極めて偏った集計や解釈を用いたデータの提示を見た経験があります。フェイクニュースと同様、こうした問題を撲滅する即効策はありません。また最近では「騙す」手口はどんどん巧妙化しており、「ここに気をつけよう」といった単純なルールだけでは太刀打ちできない状態になっているのが現状です。データ可視化について学び、「作る側」の考え方を学ぶことで、自分がデータを「読む」際のデータ・リテラシーをつけることが地道な第一歩です。

## ジャーナリズムに貢献する仕事は多様化している

今回の話は、今までに学んできた「ジャーナリズム」とはやや異なり、新鮮に感じた学生が多かったようです。データジャーナリズムという分野の存在を初めて知ったという感想も見られました。「報道」「ジャーナリズム」と聞いてイメージするのは、現場に足を運び、人に話を聞き、その成果を文章で発表するタイプの取材活動でしょう。昔も今もそれがジャーナリズムにおいて最も重要な活動のひとつであることは疑いの余地がありません。しかしデジタル技術の発展に伴い、ジャーナリズムに貢献する仕事も多様化しています。もし報道の道を志す方がこれを読んでいたら、ぜひ広い視点で進路を選択していただきたいと思います。

# 社会科学方法論とデータジャーナリズム

コーディネーター
瀬川至朗

データジャーナリズムとは何だろうか。

多くの人が指摘するように、メディアは古くからデータを使った報道を手掛けてきた[1]。そうした既存の報道とデータジャーナリズムはどこが違うのだろうか。

「データ」の意味が違うかもしれない。データとは何か。ケンブリッジ辞典[2]には「吟味され検討され、意思決定を手助けするために収集される情報、特に事実や数字」、または「コンピュータに保存・利用できる電子フォーマットの情報」とある。

## データジャーナリズムの定義は

データジャーナリズムは、コンピュータとインターネットが発達した時代に生まれた言葉であり、そこで使われるデータの意味は後者の「電子フォーマットの情報」である。デジタル情報とも言うことができるだろう。それに対し、既存の報道で使われてきたデータの意味は前者の「事実や数字」が中心になる。事実と確認されたインタビューの話や紙に書かれた数字、文章などを指している。

二〇一二年に公開された「データ・ジャーナリズム・ハンドブック（Data Journalism Handbook）」第一版(3)は、データジャーナリズムの基本を理解する入門書である。書籍もあるが、オンラインでPDF版を無料で手にすることができる。

この本では、「データジャーナリズムとは何か」についてこう書かれている。

データジャーナリズムとは何か？ 単純に、データで実現するジャーナリズム（journalism done with data）と答えることもできるかもしれない。しかし、それではあまり理解の助けにならない(4)。

「データで実現するジャーナリズム」というのは、なるほどその通りかもしれないが、曖昧な表現であり、確かに理解は深まらないだろう。

しばしば引用されるデータジャーナリズムの定義を紹介しておこう。二〇一四年に公開された『データ駆動型ジャーナリズムの技術と科学（The Art and Science of Data-driven Journalism）』[5]というレポートでアレキサンダー・ホワード氏が記しているものである。

データジャーナリズムとは、すなわちジャーナリズムの制作活動を支援するためのデータの収集・クリーニング・統合・分析・可視化・公開のことである。より簡潔な定義は、データサイエンスのジャーナリズムへの応用と言えるかもしれない。

この定義（前半部分）には、データジャーナリズムの目的と手続きが明記されている。「収集・クリーニング・統合・分析・可視化・公開」という作業は、データ処理の要点をすべて押さえていると言える。

しかし、データの扱い方に関しては、記念シンポジウムのパネリストにお招きした荻原和樹氏（Google News Lab）が、データを編集していかにビジュアライズ（可視化）するかに力点を置いているという話をしてくれた。オーデエンス（視聴者・読者）を考えた場合、データ編集という過程はあってもデータ分析という過程は必須ではないかもしれない。そうなると、一義的な定義は難しくなってくる。

例えば、実践面を重視し、「データジャーナリズムとは、数字の中にストーリーを見出し、数字を使ってストーリーを語る実践である」[6]と定義する人もいる。

田中幹人氏（早稲田大学）は二〇一四年に「その定義は現時点では完全には定まっておらず、「データ・ジャーナリズムとは何か？」という問いに対する答えは、立場によってさまざまである」[7]と指摘していた。その状況は二〇二三年の今に至ってもあまり変わっていないと思われる。

以上の定義をめぐる話はやや抽象的に過ぎたかもしれない。そこで、今日のデータジャーナリズムへの道を切り拓いた先駆的なコンピュータ支援報道（Computer Assisted Reporting＝ＣＡＲ）の事例を少し詳しく紹介することにしたい。具体的なイメージを掴んでいただけると思う。

## データジャーナリズムの先駆的報道

時代は一九六〇年代に遡る。場所はアメリカ中西部の都市、デトロイトである。

デトロイトの暴動で火災が発生し、容疑者と思われるアフリカ系アメリカ人の男性を取り調べる警察官＝1967年7月25日撮影。©AFP

アメリカは、一九八〇年に日本に抜かれるまで、自動車生産世界一を誇っていた。デトロイト周辺にはＧＭ（ゼネラル・モーターズ）、フォード、クライスラーという三大自動車メーカー（ビッグ３）が集結し、同市は、一九五〇年には人口一八五万人、アメリカ四番目の都市として成長を遂げていた。(8) 職を求めて全米から人々が移住してきたのである。しかし、その後は、海外勢の台頭でビッグ３の大型車路線が行き詰まり、労使問題などが激しくなっていった。また、人種差別に対する人権意識も高まりをみせていた。

一九六七年七月二三日。デトロイト警察が一二番街にある無許可営業のバーを急襲したことがきっかけとなり黒人の暴動が発

デトロイトの暴動発生後に街をパトロールする戦車＝1967年7月25日撮影。©AFP

生した。スーザン・ローズグラントの「暴動のルーツを探る」[9]という記事によると、略奪や放火、銃撃などの騒動が一週間近く続き、四三人が死亡し数百人が負傷、七〇〇〇人以上の逮捕者が出る大惨事となった[10]。

一九六〇年代は人種差別に端を発する暴動が最も多く、全米各地で発生した時期といわれる。その中で、デトロイトの暴動は最も多くの犠牲者を出した暴動の一つとされている[11]。

暴動がおさまると、暴徒は何者なのか、暴動の原因は何だったのかという点に注目が集まり、メディアで様々な見解が披露されるようになった。一つの説は「略奪や焼き討ちをしたのは社会の底辺にいる人々。お金がなく教育も受けていない」というものだった。また、「暴徒は近年南部から移住してきた人で、デトロイトへの同化に失敗し、その不満を街にぶつけている」という説も見受けられたという。[12]

そんな中、八月二〇日の地元紙デトロイト・フリープレス（以下ＤＦＰ）の一面トップに、「暴動に加わらなかった人々　希望抱く多数派（The Non-Rioters: A Hopeful Majority）」という記事が掲載された。見出しだけではわかりにくいと思われるので、少し長くなるが、一面記事の前半部分を紹介してみよう。

先日の一週間におよぶ暴動にもかかわらず、デトロイトの黒人コミュニティは基本的に安定しており、伝統的なアメリカの価値観に忠実である。

暴動を起こしたのは逸脱した少数派の人々であり、社会一般に対してだけでなく、一般的な黒人の社会基準に対しても反発している。

これは、デトロイト東部と西部の暴動中心地区における調査プロジェクトから得られた基本的な知見である。この調査は、四三七人の代表的な黒人サンプルへのインタビューに基づくもので、アーバン・リーグが主催し、フリープレス社が協力した。ミシガン大学の教員二名がコンサルタントを務めた。

調査結果は、暴動前に広く持たれていたデトロイトの人種関係に関する見解の多くを、驚くほど裏付けている。デトロイトの黒人たちは、他の北部の都市に住む黒人たちと同じか、それよりも恵まれた環境にいる。

彼らは多くの問題を抱えているが、その大部分は圧倒的なものではない。デトロイトの黒人は、自分たちが他の北部の都市に住む黒人と同等か、それ以上の恵まれた立場にあることに同意している。そして、解決策を模索する際、デトロイトの黒人の多くは、黒人ナショナリズムという革命的イデオロギーよりも、既存の社会構造に期待している。

## 暴動の実相を紐解きピュリツアー賞

この日のDFP紙には、暴動に関する特集記事が一面や他の面に複数掲載された。一面のインデックスでは、そうした特集記事を次の三つの柱で紹介している。

「暴徒はデトロイトの黒人多数派とは際立った対照をみせている」

「黒人が抱く不満の第一の原因に警察の横暴が挙げられた」

「暴徒の多くは古くからの不満を解決しようとしていた」

この日の特集記事のなかでは、暴動に参加した人の背景も記されている。それによれば、暴動に加わった人びとの学歴は参加しなかった人の学歴とほぼ変わらず、底辺にいる人だけが参加したわけではなかった。また、暴徒の出身地は、地元デトロイトなどの北部出身者が南部出身者の約三倍という数字だった。南部出身者が暴動の主力ではなかった。暴動が起きた原因としては警察の横暴、劣悪な住環境、失業といった点が挙げられた。ただ、デトロイトの黒人層の多くは、自分たちの環境は他の地域よりも恵まれていると考えていた。

調査で判明した、デトロイトの黒人コミュニティや暴徒の実相は、それまで推測で語られていた説を覆すものだった。DFP紙のこの報道はデトロイトだけでなく、全米から大きな注目と評価を集め、翌一九六八年のピュリツアー賞に輝いたのである。

では、どのような取材で、記者たちは暴動の真相に迫ることができたのだろうか。それを可能にしたのは、事件取材の際に現場周辺を一軒一軒訪ね歩く「地取り取材」ではなかった。先ほどの一面記事にも少し記されているように、実施されたのは、黒人コミュニティを対象にした科学的なサンプル調査であり、コンピュータを活用したデータ分析だった。今日、データジャーナリズムの最初の成功事例として紹介される歴史的報道だったのである。

中心となって手掛けたのは、全米第二の新聞グループ「ナイトリダー」の全国特派員としてワシントンにいたフィリップ・メイヤー（Philip Meyer）氏だった。暴動取材の記者が疲弊していたDFP紙が親組織のナイトリダーに記者派遣を要請し、メイヤー氏が応援に赴くことになったのである。メイヤー氏は、ハーバード大学ニーマン財団のジャーナリズムプログラムであるニーマンフェローに選ばれ、一九六六年から一年間、大学で社会科学の研究手法を勉強し、直前に復職したばかりだった。

## ハーバードで学んだ社会科学方法論を活用

ＤＦＰ紙に到着したメイヤー氏は、ハーバードで習得した社会科学の研究手法を取材に活用することを提案した。一方で、「デトロイト・アーバン・リーグ」（アフリカ系アメリカ人や他の有色人種のコミュニティ支援活動をする非営利組織、以下アーバン・リーグ）も資金を得て何か調査をと話し合っていたところだった。(13) ＤＦＰ紙とアーバン・リーグが連携し、面接調査に取り組むことになった。

当時の調査結果を記録した資料(14)によれば、暴動の中心地域（デトロイト東部・西部）の黒人コミュニティを代表する形で面接対象者（一五歳以上）を無作為抽出し、訓練を受けた黒人の調査者（多くは学校教師）が直接会って質問した。サンプル抽出と質問票の作成にはミシガン大学などの研究者も協力した。調査は八月五日から一週間。四三七人（匿名）の回答データが得られ、そのクロス集計や統計分析には、メインフレーム（大型汎用）コンピュータ（ＩＢＭ三六〇／四〇）が用いられた。(15)

暴動の発生（七月二三日）から調査記事の掲載（八月二〇日）までが一か月弱という短期決戦だった。入念な設計が必要なこの種の面接調査プロジェクトが、暴動沈静後にゼロから企画されたことを考えると、そのスピード感は相当のものだと感じる。

表1は、回答結果のうち、暴動に加わった人、加わらなかった人の居住歴や学歴に関するデータの部分である（資料に記されたデータも、それぞれの項目におけるパーセント表示になっている）。この

**表1**

メイヤー氏らが実施した調査の回答結果の一部。「無回答」「わからない」などの回答は除外し、それぞれのカテゴリー（縦の列）の割合を％で表示している。

（当時の調査結果を記録した資料（注14）を参照して瀬川が作成）


【質問】デトロイトに何年住んでいますか？

| | 1年未満 | 5年未満 | 5年以上 | デトロイト生まれ |
|---|---|---|---|---|
| 暴動参加者 | 12.5 | 12 | 12 | 28 |
| 非参加者 | 87.5 | 88 | 88 | 72 |

【質問】幼少期どこで育ちましたか？

| | 南部 | 北部 |
|---|---|---|
| 暴動参加者 | 8 | 25 |
| 非参加者 | 92 | 75 |

【質問】性別

| | 男性 | 女性 |
|---|---|---|
| 暴動参加者 | 22 | 12 |
| 非参加者 | 78 | 88 |

【質問】年齢

| | 15-24 | 25-35 | 36-50 | 50歳以上 |
|---|---|---|---|---|
| 暴動参加者 | 35 | 15 | 9 | 5 |
| 非参加者 | 65 | 85 | 91 | 95 |

【質問】教育

| | 高卒未満 | 高卒 | 大学 |
|---|---|---|---|
| 暴動参加者 | 18 | 15 | 18 |
| 非参加者 | 82 | 85 | 82 |

【質問】あなたは過去2年間で1か月以上の失業を経験しましたか？

| | はい | いいえ |
|---|---|---|
| 暴動参加者 | 21 | 10 |
| 非参加者 | 79 | 90 |

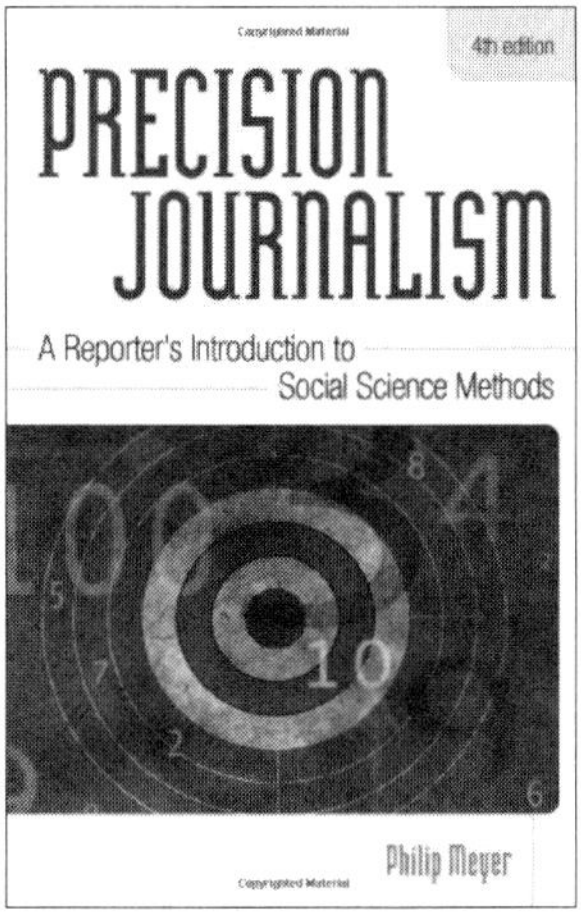


表からも、暴徒には低学歴の人や南部からの移住者が多いという推察が事実と異なることはわかっていただけることと思う。

一九六七年のデトロイト暴動に関するＤＦＰ紙の報道が、データジャーナリズムの原点ともいえるもので、ピュリツアー賞を受賞していることは先ほど触れた。ただ、私がメイヤー氏の仕事を知ったのは、それが理由ではなかった。

データジャーナリズムという言葉が人口に膾炙する前の二〇〇八年頃だったと思う。「ジャーナリストのためのバイブル」とも言われる『ジャーナリズムの原則（The Elements of Journalism）』英語版の第三章「検証のジャーナリズム（Journalism of Verification）」を読んでいて、そこに引用されていたメイヤー氏の言葉に痛く刺激されたからである。

「ジャーナリズムと科学は、一七世紀から一八世紀にかけての啓蒙主義という同じルーツを持っている。ジャーナリズムと科学のこの結びつきはできる限り復活させるべきだと思う。私たちは方法の客観性を強調しなければいけない。それは科学的方法である[16]」

調べてみると、メイヤー氏はノースカロライナ大学教授で、『精密ジャーナリズム――記者のための社会科学方法論入門（Precision Journalism - A Reporter's Introduction to Social Science Methods）』などの著作があることがわかった。早速、同書第四版（二〇〇二年）を購入し、さらに大きな刺激を受けた。

## 「精密ジャーナリズム」を提唱

この本には、統計分析、定量的分析という社会科学の手法を取り入れることで、ジャーナリズムをより深く、より精密なものにしようという提言が記されていた。「社会科学方法論に基づくジャーナリズム」である。

『精密ジャーナリズム』には、データ分析の基本、統計分析、コンピュータ利用、調査、実験などが、実例を踏まえながら解説されている。先のデトロイト暴動のデータも事例として登場する。また、「科学としてのジャーナリズム」という項目がある一方で、最終章では「精密ジャーナリズムの政治的側面」が扱われるなど、スキルの習得にとどまらず、読む人の視野を広げてくれる書籍である。本書の初版は一九七三年となっている。メイヤー氏が大学に移ったのは一九八一年なので、本書は、デトロイト暴動の報道六年後に、記者をしながら執筆したものと思われる。なおメイヤー氏自身は、一九六七年の自らの報道をコンピュータ支援報道（CAR）に位置づけるよりも、社会科学の研究手法を応用したジャーナリズムだという点を強調していることも補足しておきたい。

データジャーナリズムの歴史に話を戻すことにする。

メイヤー氏は「データジャーナリズム」のパイオニアと評されるが、デトロイト暴動の報道時には、まだこの言葉はなかった。アメリカ国内ではその後もコンピュータを活用する報道がおこなわれるようになり、先述のようにCARと呼ばれるようになった。一九八九年には、調査報道記者・編集者協会（IRE）とミズーリ大学が協力して、全米コンピュータ報道支援協会（NICAR）を新設した。CARに代表される最先端のデジタルスキルを、ジャーナリストが参加して学べる大規模イベントが毎年開催されるようになった。

データジャーナリズムという用語がいつ生まれたのかは定かでないという[17]。二〇一〇年前後からイギリスの新聞、ガーディアンなどが使い始め、次第に認知されるようになった。この時期、イギリス議会議員の不適切な経費請求が問題になり、経費請求データの公開やビジュアル化に、メディアが大きな関心を寄せていた。二〇一二年には冒頭でも触れた『データ・ジャーナリズム・ハンドブック（Data Journalism Handbook）』の第一版が公開され、データジャーナリズムの注目度が急速に高まっていったように思う。

## オープンデータ化がデータジャーナリズムを加速

背景には、各種データベースの整備とオープン化の動き、そしてデータを扱うコンピュータの処理性能の飛躍的な向上があったことは間違いない。先ほどCARを紹介したが、これはコンピュータに着目した言葉である。一方、データに着目したデータ駆動型ジャーナリズム（Data Driven Journalism＝DDJ）もよく使われる言葉である。近年では、CARやDDJの両者を包含するものとして、データジャーナリズムという言葉が最もよく使われていると言えるだろう。

それでは、メイヤー氏が提唱する「社会科学方法論に基づくジャーナリズム」、すなわち精密ジャーナリズムは、データジャーナリズムと同義だろうか。

両者の関係を考える上で興味深いのが、IREに設置されたフィリップ・メイヤー・ジャーナリズム賞（以下メイヤー賞）の存在である。メイヤー賞は二〇〇五年に創設され、毎年、社会科学の研究手法を用いた優れたジャーナリズムを表彰している。[18] 表彰はNICARのイベント時におこなわれる。同賞の「社会科学の研究手法」が具体的に何を指すのかが気になるところである。IRE

では、メイヤー賞のＦＡＱ（よくある質問とその回答）を掲載し、例を挙げて「社会科学の研究方法」の対象範囲を説明している[19]。

社会科学の分野としては、社会学、人口統計学、地理学、政治学、エスノグラフィー、コミュニケーション学を例に挙げ、「研究方法」とは、そのような分野の研究者が使用する研究ツールのことだと述べている。また、研究ツールには、無作為抽出者を対象とする調査や記述的・推測的統計分析、ソーシャル・ネットワーク分析、内容分析、フィールド実験をはじめとする量的研究、質的研究などが含まれると指摘している。

予想外だったのは、メイヤー賞では、エスノグラフィーや質的研究も対象になっていることである。私自身、データジャーナリズムは定量的分析が前提だと理解しているが、メーヤー賞は定性的研究も含むという意味で、データの概念をより幅広に扱っているようにみえる。

## 透明性を見せるメイヤー賞受賞作品

事例として、最新のメイヤー賞二〇二二の受賞作四作品をみてみる。第一位が「戦争犯罪ウォッチ　ウクライナ」[20]（ＡＰ通信とフロントライン）、第二位が「酷暑の犠牲者」[21]（ロサンゼルス・タイムズ）、第三位が「証言」[22]（マーシャル・プロジェクト）、特別賞「税額控除に関する調査報道＝プロパブリカ掲載」[23]（エミリー・コーウィン）であった。

第一位の「戦争犯罪ウォッチ　ウクライナ」は、ウクライナにおける戦争犯罪の証拠を収集し、データベースとして保存、公開する取り組みである。審査員のコメント[24]によれば、ロシアが攻撃したマリウポリの劇場被害については、攻撃前後の間取り図や写真、ビデオを収集して建物内のアニメーションモデルを作成、当時の目撃者や生存者と記者がその仮想の建物内に入って、場所ごとの密集具合などを確認する作業をおこなったという。分析の結果、六〇〇人の死亡が推定された。

このサイトを訪れてみると、取材チームが資料をどのように収集、検証して被害の数字を出しているかの方法論を記したページがあり、透明性の観点からも評価できると感じた。

第二位の「酷暑の犠牲者」は、カリフォルニア州の過去一〇年の酷暑による死者が公式記録である五九九人よりはるかに多い可能性が高いことを明らかにした調査プロジェクトである。審査員のコメントによると、取材チームは紙やデジタルの死亡記録・データベースを精査し、専門家と協力して、熱中症による死者数を推定する統計モデルを構築したという。このプロジェクトで使用したプログラムコードはGitHubで公開し、誰もが利用できるようにしている。[25]報道するだけでなく、その報道のプロセスを公開して検証可能なものにする。「戦争犯罪ウォッチ　ウクライナ」の報道と同様に、透明性という観点から他のメディアが見習うべきことだと思う。

メイヤー賞のＦＡＱにはもう一つ、興味深い質問と回答があった。質問の方は「社会科学研究方法を用いた報道とは、コンピュータ支援報道（ＣＡＲ）のことですか」というものである。ＣＡＲをデータジャーナリズムに置き換えれば、先述した私の疑問と重なるものがある。ＮＩＣＡＲのイベント時に表彰されるので、こうした質問が想定されるのだろう。ＩＲＥからの回答内容は重要なので、全文を紹介する。

この種の仕事（社会科学研究方法を用いた報道＝筆者注）にコンピュータはよく使われるが、必須ではない。そしてＣＡＲはよくジャーナリズム、とりわけ調査報道記事に使われるが、ＣＡＲが必ずしも社会科学の方法を使うわけではない。後者の事例としては、コンピュータを使って政府の記録の分類、抽出、カテゴリー分けをおこない、記事のためのリストや表を作成するような作業がある。

これは、「社会科学研究方法を用いた報道」とＣＡＲは、かなり重なるところがあるが、どちらにもはみ出す部分があることを意味している。データジャーナリズムとの関係も同じ形になるだろう。

いずれにしても、社会科学研究方法がデータジャーナリズムやＣＡＲの根幹部分を構成していることは変わらないと思う。

本稿では、一九六七年に、データジャーナリズムの先駆的報道に取り組んだフィリップ・メイヤー氏の仕事や考え方に力点を置き、メイヤー氏が重視する社会科学方法論とデータジャーナリズムの関係性について少し考察を加えてみた。

記念シンポジウムのパネリストにお招きした山崎啓介氏（朝日新聞）は、「見えない交差点」の報道で、調査報道大賞二〇二三のデータジャーナリズム賞を受賞された。今回のような受賞は、今後、優れたデータジャーナリズム作品が多く世に出るきっかけになるかもしれない。

日本にもメイヤー賞のような、「社会科学研究方法を用いた優れた報道」を顕彰する賞が創設されることを期待している。石橋湛山記念 早稲田ジャーナリズム大賞は大学が主催する賞でもあり、そうした作品を顕彰して大いに奨励する責務があると考えている。

（1）Howard, A.B. (2014). "The Art and Science of Data-Driven-Journalim." Tow Center Digital Journalism. Columbia Journalism School, p1. URL: https://academiccommons.columbia.edu/doi/10.7916/D8Q531V1

（2）https://dictionary.cambridge.org/ja/dictionary/english/data

（3）"Data Journalism Handbook" URL:https://datajournalism.com/read/handbook/one

（4）「データ・ジャーナリズム・ハンドブック」1.0 URL:https://datajournalismjp.github.io/handbook/%E3%81%AF%E3%81%98%E3%82%81%E3%81%AB_0.html

（5）Howard, A.B. (2014). "The Art and Science of Data-Driven-Journalism." p.4.

(6) Howard, A.B. (2014). "The Art and Science of Data-Driven-Journalism." p.5.

(7) 田中幹人(二〇一四)「データ・ジャーナリズムの現在と課題」、遠藤薫編著『間メディア社会の〈ジャーナリズム〉』、東京電機大学出版局、八七頁。

(8) Weber,P. (2015). 'The rise and fall of Detroit: A timeline.' "The Week." URL: https://theweek.com/articles/461968/rise-fall-detroit-timeline

(9) Rosegrant,S. 'Revealing the roots of a riot.' University of Michigan HP. URL:https://isr.umich.edu/news-events/insights-newsletter/article/revealing-the-roots-of-a-riot/ (筆者注=二〇二三年五月一七日にアクセス。同年一〇月一八日現在、この記事へのアクセスは不可となっている)。

(10) Rosegrant,S. 'Revealing the roots of a riot'

(11) Francis, D. (2004). 'How the 1960s' Riots Hurt African-Americans.' National Bureau of Economic Research. URL: https://www.nber.org/digest/sep04/how-1960s-riots-hurt-african-americans

(12) Rosegrant,S. 'Revealing the roots of a riot'

(13) "A Survey of Attitudes of Detroit Negros after the Riot of 1967" URL:https://s3.amazonaws.com/s3.documentcloud.org/documents/2070181/detroit1967.pdf

(14) "A Survey of Attitudes of Detroit Negros after the Riot of 1967"

(15) "A Survey of Attitudes of Detroit Negros after the Riot of 1967"

(16) Kovach, B. & Rosenstiel, T. (2007). "The elements of journalism: what newspeople should know and the public should expect." Three Rivers Press. 2nd edition. p.87.

(17) Howard, A.B. (2014). "The Art and Science of Data-Driven-Journalism." p.7

(18) IRE 'RE announces winners of 2022 Philip Meyer Journalism Award.' URL:https://www.ire.org/ire-announces-winners-of-2022-philip-meyer-journalism-award/

(19) IRE Philip Meyer Award FAQ. URL:https://www.ire.org/awards/philip-meyer-journalism-award-faq/

(20) War Crimes Watch Ukraine. URL:https://www.pbs.org/wgbh/frontline/interactive/ap-russia-war-crimes-ukraine/

(21) Extreme Heat Deadly Toll. URL:https://www.latimes.com/projects/california-extreme-heat-deaths-show-climate-change-risks/

(22) Testify. URL:https://testify.themarshallproject.org/

(23) 'A Tax Credit Was Meant to Help Marginalized Workers Get Permanent Jobs. Instead It's Subsidizing Temp Work.' URL:https://www.propublica.org/article/work-opportunity-tax-credit-temp-permanent-employment

(24) IRE Philip Meyer Award 2022. URL:https://www.ire.org/ire-announces-winners-of-2022-philip-meyer-journalism-award/

(25) https://github.com/datadesk/extreme-heat-excess-deaths-analysis

※以上のＵＲＬアクセスは二〇二三年一〇月一八日までにおこなった。

# あとがき

新型コロナ感染症のパンデミックは、「石橋湛山記念 早稲田ジャーナリズム大賞」の選考会にも影響を与えていた。二〇二〇年度、二一年度の二年間は、中間選考会、最終選考会ともにオンラインでの開催を余儀なくされた。

オンラインでの話し合いは、一般的に、クールであり合理的である。画面越しだと他の人との距離を感じ、また会話に入っていく際の間の取り方が難しいので、それぞれ自分に与えられた時間に、整理した自身の意見を表明することに力を入れる。そして、すでに予期された全体の最大公約数的な結果になることが多いように感じる。

早稲田ジャーナリズム大賞の選考会の場合は、本来自由闊達な雰囲気があり、オンラインでも異論や反論は飛び出すものなのだが、以前の対面での選考会と比べると、やや平板な議論に収まり、深まりや予想外の展開というのは少なかったと思う。

対面形式の最終選考会が復活したのは、二〇二二年度からである。本書に登場する方のうち五名は、この二二年度最終選考会で大賞・奨励賞の受賞が決まった作品の担当者である。

この年の自薦・他薦の応募作品は計一一六作品（公共奉仕部門六四、草の根民主主義部門四八、文化貢献部門一四）だった。新型コロナの影響でジャーナリズムもまた疲弊していたのか、応募作品数は例年よりやや少なかった。それでも、九月の中間選考会を経て選ばれたファイナリスト作品一〇編は力作揃いだった。

選考委員全員が顔を合わせての最終選考会は、予想通りというか、ファイナリスト作品をめぐり活発な意見の応酬がみられた。議論が深まることで重要な論点が見出されることがあった。また、置き去りにされた感のある論点が場面転換のように提起され、その重要性が委員間で共有されもした。選考委員は予め、一〇作品それぞれに評価点を提出し、それをまとめた一覧表が選考会のベースになるのだが、事前の評価点と受賞作とが必ずしも結び付かない「波乱」が生じた選考会だった。

このように語ると、何でもありなのか、という印象を持たれる方がいるかもしれないので、そうではないことを指摘しておきたい。

早稲田ジャーナリズム大賞では、選考委員が評価する際の着目点が定められている。これまでは選考委員会内での資料として扱ってきたが、どのような点が評価されるのかは、賞の性格を決めるものでもあり、また応募者が知っておくべき情報だと考える。以下に記してみよう。

評価時の着目点は以下の四点である。

◆新たな視点とスクープ性
・新たな視点、切り口からその事案に迫っているか
・これまで公表されていない新たな情報、事実が含まれているか

◆論旨の一貫性
・作品全体において制作者の論旨が揺らぐことなく一貫しているか

◆取材力
・取材対象に偏りがないか
・客観的に事実とみなすことができる証拠や証言に基づいているか
・本質にいたる十分な取材・論述がなされているか

◆問題意識と提言
・問題意識を提示し、その解決へ向けたメッセージが明確に表現されているか
・作品が社会へ与えた影響が大きく、その事案を巡る新たな動きを生んでいるか

応募の際の参考にしていただければと思う。いずれも、ジャーナリズム活動の原則的な側面といえる内容だが、選考会では、このうち「論旨の一貫性」や「取材力」の個々の項目が俎上に載せられ、議論になることもある点はお伝えしておきたい。

最後に、これも同様の趣旨で、最新の二〇二三年度の応募状況をご紹介したい。応募作品は計一五五作品で、部門別の内訳は▽公共奉仕部門八六、▽草の根民主主義部門四九、▽文化貢献部門二〇である。また媒体別の内訳は、▽新聞三九、▽映像七七（テレビ七五、映画二）、▽書籍二七（書籍二五、雑誌二）、その他一二（ウェブ八、ラジオ三、その他一）だった。

一選考委員の個人的な希望を言うと、まず文化貢献部門への応募をより積極的にしていただければと思う。この部門への応募作が他部門に比して少ないこともあり、二二年度はこの部門の受賞作品がなかった。また、より多様な媒体の作品を選考したいという気持ちもあり、映画やラジオのほか、ウェブメディアで展開する作品の応募を期待したいところである。さらには、本書で取り上げたデータジャーナリズムやＯＳＩＮＴの作品、社会科学方法論を取り入れたジャーナリズム作品の応募も心待ちにしている。

本書は、「石橋湛山記念 早稲田ジャーナリズム大賞」記念講座二〇二三「ジャーナリズムの現在」での講義やシンポジウムの内容を再構成したものである。講師やパネリストの方には、お忙しいなか、講義テキストの確認・修正のほか、「講義を終えて」というコラムの執筆をしていただいた。心よりお礼を申し上げたい。

本書の完成までには、いつものように応募受付から賞の選考、贈呈式、そして受賞者を中心とする記念講座の運営と講義録の作成という長い道程があった。私自身、編者として実に多くの方にお世話になった。とりわけ、早稲田ジャーナリズム大賞事務局長の湯原法史さん、早稲田大学広報室の志熊万希子さん、菊池彰徳さん、時任宏さん、宮田園子さん、太田あき子さん、そして早稲田大学出版部の畑ひろ乃さんに、深く感謝の気持ちをお伝えしたい。

二〇二三年一一月七日

瀬川至朗

**執筆者紹介**（掲載順）

鷺森 弘（さぎもり　ひろし）

1972年生まれ。1996年日本経済新聞社入社。社会部、大阪経済部、企業報道部（現ビジネス報道ユニット）等を経て2017年から調査報道担当。2023年4月社会・調査報道ユニット調査報道グループ長。調査報道シリーズ「国費解剖」が石橋湛山記念 早稲田ジャーナリズム大賞公共奉仕部門奨励賞受賞。

善家 賢（ぜんけ　まさる）

1972年生まれ。1995年NHK入局。ワシントン支局などを経て、現在、チーフ・プロデューサーとしてNHKスペシャルを制作。『緊迫ミャンマー』で2021年度新聞協会賞、国際エミー賞ノミネート。中国新世紀『“多民族国家”の葛藤』でWMF「人権カテゴリー」金賞。共著に『NHKスペシャル取材班、デジタルハンターになる』（講談社、2022年）など。

井上 幸昌（いのうえ　ゆきまさ）

1972年生まれ。1997年日本テレビ入社。政治部記者、ディレクターを経て『NEWS ZERO』『news every.』デスク、『ZERO選挙2016』総合演出。2016年12月よりワシントン支局長、トランプ政権下の米国を取材。2019年より『news zero』『ザ・ファクトチェック」等のプロデューサー。2023年6月より現職。

太田 直子（おおた　なおこ）

フリー映像ディレクター。1964年生まれ。主な作品に『月あかりの下で〜ある定時制高校の記憶』（2010年、文化庁映画賞文化記録映画優秀賞）と『まなぶ通信制中学60年の空白を超えて』（2017年、同賞）『“玉砕”の島を生きて〜テニアン島 日本人移民の記録〜』（2022年、石橋湛山記念 早稲田ジャーナリズム大賞）。

前島 文彦（まえしま　ふみひこ）

2000年山梨日日新聞社入社。社会部、文化部、企画報道グループなどを経て2023年より、編集局社会部長。担当企画に「Fujiと沖縄　本土復帰50年」（2022年、石橋湛山記念 早稲田ジャーナリズム大賞など受賞）「扉の向こうへ～山梨発ひきこもりを考える」「蒼き千年の森」など。連載は「Fujiと沖縄」（山梨日日新聞社刊）として刊行。

渡辺 玲男（わたなべ　れお）

1996年北海道新聞社入社。室蘭報道部、東京政経部、本社報道センター、モスクワ駐在などを経て2017年7月から東京報道センター部次長。長期連載「消えた『四島返還』」を柱とする「#北方領土考」キャンペーンなどが新聞協会賞、石橋湛山記念 早稲田ジャーナリズム大賞奨励賞ほかを受賞。

山崎 啓介（やまざき　けいすけ）

2008年朝日新聞社入社。システム部に技術者として配属。徳島総局、科学医療部の記者、米スタンフォード大学客員研究員などを経て、2021年デジタル機動報道部（現　デジタル企画報道部）。「みえない交差点」でインターネットメディアアワード グランプリとビジュアル・コンテンツ部門賞受賞。

荻原 和樹（おぎわら　かずき）

2010年東洋経済新報社入社。スマートニュース メディア研究所を経て2022年10月よりGoogle News Lab ティーチング・フェロー。2020年東洋経済オンライン「新型コロナウイルス 国内感染の状況」でグッドデザイン賞、Internet Media Awards選考委員特別賞など。著書に『データ思考入門』（講談社現代新書）など。

# 「石橋湛山記念 早稲田ジャーナリズム大賞」受賞者

## 第22回　2022年度

**【公共奉仕部門】**
受賞者　Fujiと沖縄　本土復帰50年取材班　代表 前島 文彦
作品名　Fujiと沖縄　本土復帰50年
発表媒体　山梨日日新聞本紙及び電子版
**【草の根民主主義部門】**
受賞者　太田 直子
作品名　「“玉砕”の島を生きて ～テニアン島　日本人移民の記録～」(NHK ETV特集)
発表媒体　NHK Eテレ
＊奨励賞
**【公共奉仕部門】**
受賞者　北海道新聞日ロ取材班　代表 渡辺 玲男
作品名　連載「消えた『四島返還』」を柱とする「＃北方領土考」キャンペーン
発表媒体　北海道新聞、北海道新聞電子版特設サイト、書籍「消えた『四島返還』安倍政権 日ロ交渉2800日を追う」
受賞者　「国費解剖」取材班　代表 鷺森 弘
作品名　調査報道シリーズ「国費解剖」
発表媒体　日本経済新聞、日経電子版
**【草の根民主主義部門】**
受賞者　NHKスペシャル　ミャンマープロジェクト　代表 善家 賢
作品名　ミャンマー軍の弾圧や軍事攻撃の実態に迫る一連のデジタル調査報道
発表媒体　NHK総合テレビなど
**【ファイナリスト】**
候補者　平井 美帆
作品名　『ソ連兵へ差し出された娘たち』
発表媒体　書籍（集英社）

候補者　NHK原爆初動調査 取材班
作品名　NHKスペシャル「原爆初動調査 隠された真実」
発表媒体　NHK総合テレビ

候補者　NHK「被災の海」取材班
作品名　NHKスペシャル「東日本大震災から11年　被災の海　未来をどう築くか」
発表媒体　NHK総合テレビ（インターネットでも同時配信）

候補者　朝日新聞 統計不正問題取材班　代表 伊藤 嘉孝

作品名　国土交通省の基幹統計不正をめぐる一連の報道
発表媒体　朝日新聞、朝日新聞デジタル

作品名　ロシア侵攻下のウクライナ現地取材
発表媒体　TBSテレビ、TBS NEWS DIG公式YouTubeほか一作品

---

### 第1回　2001年度

**【公共奉仕部門】**

受賞者　三木 康弘（故人）と神戸新聞論説委員室
作品名　阪神・淡路大震災からの復興に向けての論説、評論活動
発表媒体　神戸新聞

**【草の根民主主義部門】**

受賞者　曽根 英二
作品名　「島の墓標」
発表媒体　山陽放送

**【文化貢献部門】**

受賞者　毎日新聞旧石器遺跡取材班　代表 真田 和義（渡辺 雅春、山田 寿彦、高橋 宗男、早川 健人、山本 健、本間 浩昭、西村 剛、ほか取材班）
作品名　旧石器発掘ねつ造問題の一連の企画ならびに『発掘捏造』の出版
発表媒体　毎日新聞

### 第2回　2002年度

**【公共奉仕部門】**

受賞者　田城 明
作品名　「21世紀　核時代　負の遺産」
発表媒体　中国新聞

**【公共奉仕部門】**

受賞者　広河 隆一
作品名　『パレスチナ　新版』並びに雑誌などへの発表
発表媒体　書籍（岩波新書など）

### 第3回　2003年度

**【公共奉仕部門】**

受賞者　鈴木 哲法
作品名　「鉄路　信楽列車事故」の長期連載を中心とした鉄道の安全を考える一連の報道
発表媒体　京都新聞

**【公共奉仕部門】**

受賞者　C型肝炎取材班　代表 熱田 充克
作品名　一連の「C型肝炎シリーズ」及びその特別番組
発表媒体　フジテレビ「ニュースJAPAN」及び特別番組

**【文化貢献部門】**
受賞者　　佐藤 健（故人）、生きる者の記録取材班　代表 萩尾 信也
作品名　　「生きる者の記録」
発表媒体　毎日新聞
＊奨励賞
**【草の根民主主義部門】**
受賞者　　「ずく出して、自治」取材班　代表 畑谷 広治
作品名　　「ずく出して、自治～参加そして主役へ～」
発表媒体　信濃毎日新聞
**【文化貢献部門】**
受賞者　　塚田 正彦
作品名　　「さんばと12人の仲間～親沢の人形三番叟の一年～」
発表媒体　長野放送

**第４回　2004年度**
**【公共奉仕部門】**
受賞者　　琉球新報社地位協定取材班　代表 前泊 博盛
作品名　　日米地位協定改定キャンペーン「検証　地位協定～不平等の源流～」
発表媒体　琉球新報
**【公共奉仕部門】**
受賞者　　NHK「東京女子医科大学病院」取材班　代表 影山 博文
　　　　　（山元 修治、北川 恵、落合 淳、竹田 頼正、山内 昌彦、角 文夫）
作品名　　NHKスペシャル「東京女子医科大学病院～医療の現場で何が起きているか～」
発表媒体　NHK総合テレビ
**【草の根民主主義部門】**
受賞者　　「わしも'死の海'におった～証言・被災漁船50年目の真実～」取材班　代表 大西 康司
作品名　　「わしも'死の海'におった～証言・被災漁船50年目の真実～」の報道
発表媒体　南海放送
＊奨励賞
**【公共奉仕部門】**
受賞者　　鹿沼市職員殺害事件取材班　代表 渡辺 直明
作品名　　「断たれた正義」－なぜ職員が殺された・鹿沼事件を追う－
発表媒体　下野新聞
**【文化貢献部門】**
受賞者　　赤井 朱美（プロデューサー兼ディレクター）
作品名　　石川テレビ放送ドキュメンタリー「奥能登　女たちの海」
発表媒体　石川テレビ放送

## 第５回　2005年度

**【公共奉仕部門】**

受賞者　　「少年事件・更生と償い」取材班　代表 田代 俊一郎
作品名　　「少年事件・更生と償い」シリーズ
発表媒体　西日本新聞

**【公共奉仕部門】**

受賞者　　「沖縄戦新聞」取材班　代表 宮城 修（国吉 美千代、志良堂 仁、小那覇 安剛、宮里 努、高江洲 洋子）
作品名　　沖縄戦新聞
発表媒体　琉球新報

**【文化貢献部門】**

受賞者　　「沈黙の森」取材班　代表 棚田 淳一（朝日 裕之、片桐 秀夫、村上 文美、谷井 康彦、浜浦 徹）
作品名　　キャンペーン企画「沈黙の森」
発表媒体　北日本新聞
＊奨励賞

**【草の根民主主義部門】**

受賞者　　永尾 俊彦
作品名　　『ルポ諫早の叫び～よみがえれ干潟ともやいの心～』
発表媒体　書籍（岩波書店）

## 第６回　2006年度

**【公共奉仕部門】**

受賞者　　「検証　水俣病50年」取材班　代表 田代 俊一郎
作品名　　「検証　水俣病50年」シリーズ
発表媒体　西日本新聞

**【公共奉仕部門】**

受賞者　　古居 みずえ
作品名　　ドキュメンタリー映画「ガーダ～パレスチナの詩～」
発表媒体　映画

**【草の根民主主義部門】**

受賞者　　「地方発憲法を考える」取材班　代表 山口 和也
作品名　　連載「地方発憲法を考える」
発表媒体　熊本日日新聞

## 第７回　2007年度

**【公共奉仕部門】**

受賞者　　朝日新聞編集局特別報道チーム　代表 市川 誠一
作品名　　「偽装請負」追及キャンペーン
発表媒体　朝日新聞および書籍（朝日新書）

**【草の根民主主義部門】**

受賞者　　朝日新聞鹿児島総局　代表 梶山 天

作品名　鹿児島県警による03年県議選公職選挙法違反「でっちあげ事件」をめぐるスクープと一連のキャンペーン
発表媒体　朝日新聞

**【文化貢献部門】**
受賞者　RKB毎日放送報道部　代表 竹下 通人
作品名　「ふるさとの海～水崎秀子にとっての祖国にっぽん～」
発表媒体　RKB毎日放送
＊奨励賞

**【公共奉仕部門】**
受賞者　「同和行政問題」取材班　代表 東田 尚巳
作品名　検証「同和行政」報道
発表媒体　毎日放送

**【草の根民主主義部門】**
受賞者　「お産SOS」取材班　代表 練生川 雅志
作品名　連載「お産SOS ～東北の現場から～」
発表媒体　河北新報

## 第８回　2008年度

**【公共奉仕部門】**
受賞者　「新聞と戦争」取材班　キャップ 藤森 研
作品名　連載「新聞と戦争」
発表媒体　朝日新聞

**【草の根民主主義部門】**
受賞者　「やねだん」取材班　代表 山縣 由美子
作品名　「やねだん～人口300人、ボーナスが出る集落～」
発表媒体　南日本放送

**【文化貢献部門】**
受賞者　「探検ロマン世界遺産」取材班　代表 寺井 友秀
作品名　探検ロマン世界遺産スペシャル「記憶の遺産～アウシュビッツ・ヒロシマからのメッセージ～」
発表媒体　NHK総合テレビ

## 第９回　2009年度

**【公共奉仕部門】**
受賞者　土井 敏邦（ジャーナリスト）
作品名　ドキュメンタリー映画「沈黙を破る」
発表媒体　映画

**【公共奉仕部門】**
受賞者　斉藤 光政（東奥日報社社会部付編集委員）
作品名　①「在日米軍基地の意味を問う」一連の記事
　　　　②『在日米軍最前線～軍事列島日本～』
発表媒体　①東奥日報

②書籍（新人物往来社）

**【文化貢献部門】**

受賞者　大西 成明（写真家）
作品名　写真集『ロマンティック・リハビリテーション』
発表媒体　書籍（ランダムハウス講談社）

## 第10回　2010年度

**【公共奉仕部門】**

受賞者　NHKスペシャル「日本海軍400時間の証言」取材班　藤木 達弘（日本放送協会大型企画開発センターチーフ・プロデューサー）
作品名　NHKスペシャル「日本海軍400時間の証言」全３回
発表媒体　NHK総合テレビ

**【草の根民主主義部門】**

受賞者　生活報道部「境界を生きる」取材班　丹野 恒一
作品名　「境界を生きる」～性別をめぐり苦しむ子どもたちを考えるキャンペーン～
発表媒体　毎日新聞

**【文化貢献部門】**

受賞者　国分 拓（日本放送協会 報道局 社会番組部 ディレクター）
作品名　『ヤノマミ』
発表媒体　書籍（日本放送出版協会）

＊奨励賞

**【公共奉仕部門】**

受賞者　笠井 千晶（中京テレビ放送 報道部 ディレクター）
作品名　NNNドキュメント2009「法服の枷～沈黙を破った裁判官たち～」
発表媒体　NNN（Nippon News Network）

## 第11回　2011年度

**【公共奉仕部門】**

受賞者　ETV特集「ネットワークで作る放射能汚染地図　福島原発事故から２か月」取材班　　代表 増田 秀樹（日本放送協会制作局文化･福祉番組部チーフ・プロデューサー）
作品名　ETV特集「ネットワークで作る放射能汚染地図　福島原発事故から２か月」
発表媒体　NHK　Eテレ

**【公共奉仕部門】**

受賞者　大阪本社社会部・東京本社社会部「改ざん事件」取材班　代表 板橋 洋佳
作品名　「大阪地検特捜部の主任検事による押収資料改ざん事件」の特報および関連報道
発表媒体　朝日新聞

**【草の根民主主義部門】**

受賞者　三上 智恵（琉球朝日放送　報道制作局　報道制作部　ディレクター）
作品名　報道特別番組「英霊か犬死か－沖縄靖国裁判の行方－」

発表媒体　琉球朝日放送
＊奨励賞
**【文化貢献部門】**
受賞者　　鎌仲 ひとみ（映画監督）
作品名　　ドキュメンタリー映画「ミツバチの羽音と地球の回転」
発表媒体　渋谷ユーロスペース他劇場と全国約400ヶ所の自主上映

### 第12回　2012年度
**【公共奉仕部門】**
受賞者　　「プロメテウスの罠」取材チーム　代表 宮﨑 知己（朝日新聞東京本社報道局特別報道部次長）
作品名　　連載「プロメテウスの罠」
発表媒体　朝日新聞
**【草の根民主主義部門】**
受賞者　　渡辺 一史
作品名　　『北の無人駅から』
発表媒体　書籍（北海道新聞社）
**【文化貢献部門】**
受賞者　　NHKプラネット九州　制作部　エグゼクティブ・ディレクター　吉崎 健
作品名　　ETV特集「花を奉る　石牟礼道子の世界」
発表媒体　NHK　Eテレ
＊奨励賞
**【草の根民主主義部門】**
受賞者　　三陸河北新報社　石巻かほく編集局　代表 桂 直之
作品名　　連載企画「私の3.11」
発表媒体　石巻かほく
**【文化貢献部門】**
受賞者　　「阿蘇草原再生」取材班　代表 花立 剛（熊本日日新聞社編集局地方部次長）
作品名　　連載企画「草原が危ない」と阿蘇草原再生キャンペーン
発表媒体　熊本日日新聞

### 第13回　2013年度
**【草の根民主主義部門】**
受賞者　　「波よ鎮まれ」取材班　代表 渡辺 豪（沖縄タイムス社特別報道チーム兼論説委員）
作品名　　連載「波よ鎮まれ～尖閣への視座～」
発表媒体　沖縄タイムス
**【文化貢献部門】**
受賞者　　ETV特集「永山則夫100時間の告白」取材班　代表 増田 秀樹（日本放送協会大型企画開発センター　チーフ・プロデューサー）
作品名　　ETV特集「永山則夫100時間の告白～封印された精神鑑定の真実～」
発表媒体　NHK　Eテレ

＊奨励賞

**【公共奉仕部門】**

受賞者　木村 英昭（朝日新聞東京本社報道局経済部）
　　　　宮崎 知己（朝日新聞社デジタル本部デジタル委員）
作品名　連載「東京電力テレビ会議記録の公開キャンペーン報道」
発表媒体　朝日新聞

**【公共奉仕部門】**

受賞者　林 新（「原子力“バックエンド”最前線」取材チーム　日本放送協会　大型企画開発センター　プロデューサー）
　　　　酒井 裕（エス・ヴィジョン代表）
作品名　BSドキュメンタリー WAVE「原子力“バックエンド”最前線～イギリスから福島へ～」
発表媒体　NHK　BS1

## 第14回　2014年度

**【公共奉仕部門】**

受賞者　NNNドキュメント取材班　代表 大島 千佳（NNNドキュメント取材班ディレクター）
作品名　NNNドキュメント'14「自衛隊の闇～不正を暴いた現役自衛官～」
発表媒体　日本テレビ

**【草の根民主主義部門】**

受賞者　下野新聞社編集局子どもの希望取材班　代表 山﨑 一洋（下野新聞社編集局社会部長代理）
作品名　連載「希望って何ですか～貧困の中の子ども～」
発表媒体　下野新聞

**【文化貢献部門】**

受賞者　与那 原恵
作品名　『首里城への坂道～鎌倉芳太郎と近代沖縄の群像～』
発表媒体　書籍（筑摩書房）

＊奨励賞

**【草の根民主主義部門】**

受賞者　伊藤 めぐみ（有限会社ホームルームドキュメンタリー・ディレクター）
作品名　ドキュメンタリー映画「ファルージャ～イラク戦争　日本人人質事件…そして～」
発表媒体　映画

## 第15回　2015年度

**【公共奉仕部門】**

受賞者　新垣 毅（琉球新報社編集局文化部記者兼編集委員）
作品名　沖縄の自己決定権を問う一連のキャンペーン報道～連載「道標求めて」を中心に～
発表媒体　琉球新報

**【草の根民主主義部門】**
受賞者　　堀川 惠子
作品名　　『原爆供養塔～忘れられた遺骨の70年～』
発表媒体　書籍（文藝春秋）
**【文化貢献部門】**
受賞者　　朴 裕河
作品名　　『帝国の慰安婦～植民地支配と記憶の闘い～』
発表媒体　書籍（朝日新聞出版）
＊奨励賞
**【公共奉仕部門】**
受賞者　　NHKスペシャル「水爆実験60年目の真実」取材班　代表 高倉 基也（NHK広島放送局チーフ・プロデューサー）
作品名　　NHKスペシャル「水爆実験60年目の真実～ヒロシマが迫る"埋もれた被ばく"～」
発表媒体　NHK総合テレビ

## 第16回　2016年度
**【公共奉仕部門】**
受賞者　　日本テレビ報道局取材班　代表 清水 潔（日本テレビ報道局特別報道班）
作品名　　NNNドキュメント'15「南京事件兵士たちの遺言」
発表媒体　日本テレビ
**【草の根民主主義部門】**
受賞者　　「語り継ぐハンセン病～瀬戸内３園から～」
　　　　　取材班　阿部 光希、平田 桂三（ともに山陽新聞社編集局報道部）
作品名　　「語り継ぐハンセン病～瀬戸内３園から～」
発表媒体　山陽新聞
＊奨励賞
**【公共奉仕部門】**
受賞者　　新潟日報社原発問題取材班　代表 仲屋 淳（新潟日報社編集局報道部次長）
作品名　　長期連載「原発は必要か」を核とする関連ニュース報道
発表媒体　新潟日報
**【草の根民主主義部門】**
受賞者　　菅野 完
受賞作品　『日本会議の研究』
発表媒体　書籍（扶桑社）

## 第17回　2017年度
**【公共奉仕部門】**
受賞者　　NHKスペシャル「ある文民警察官の死」取材班　代表 三村 忠史（日本放送協会大型企画開発センター チーフ・プロデューサー）
作品名　　NHKスペシャル「ある文民警察官の死～カンボジアPKO23年目の告白～」
発表媒体　NHK総合テレビ

**【草の根民主主義部門】**

受賞者　「新移民時代」取材班　代表 坂本 信博（西日本新聞社編集局社会部デスク・遊軍キャップ）

作品名　「新移民時代」

発表媒体　西日本新聞

**【文化貢献部門】**

受賞者　林 典子

作品名　『ヤズディの祈り』

発表媒体　書籍（赤々舎）

＊奨励賞

**【公共奉仕部門】**

受賞者　「枯れ葉剤を浴びた島2」取材班　代表 島袋 夏子（琉球朝日放送記者）

作品名　「枯れ葉剤を浴びた島2 〜ドラム缶が語る終わらない戦争〜」

発表媒体　琉球朝日放送

**第18回　2018年度**

**【公共奉仕部門】**

受賞者　森友学園・加計学園問題取材班　代表 長谷川 玲（朝日新聞社 ゼネラルマネジャー補佐）

作品名　森友学園や加計学園の問題をめぐる政府の情報開示姿勢を問う一連の報道

発表媒体　朝日新聞・朝日新聞デジタル

**【公共奉仕部門】**

受賞者　「駐留の実像」取材班　代表 島袋 良太（琉球新報社）

作品名　連載「駐留の実像」を核とする関連ニュース報道

発表媒体　琉球新報

**【公共奉仕部門】**

受賞者　NHKスペシャル「戦慄の記録　インパール」取材班　代表 三村 忠史（NHK大型企画開発センター　チーフ・プロデューサー）

作品名　NHKスペシャル「戦慄の記録　インパール」

発表媒体　NHK総合テレビ

**【草の根民主主義部門】**

受賞者　布施 祐仁（ジャーナリスト）、三浦 英之（朝日新聞社 記者）

作品名　『日報隠蔽』南スーダンで自衛隊は何を見たのか

発表媒体　書籍（集英社）

＊奨励賞

**【草の根民主主義部門】**

受賞者　「旧優生保護法を問う」取材班　代表 遠藤 大志（毎日新聞社 仙台支局）

作品名　キャンペーン報道「旧優生保護法を問う」

発表媒体　毎日新聞

**【文化貢献部門】**

受賞者　「消えた 村のしんぶん」取材班　代表 湯本 和寛（信越放送情報センター報道部記者）

作品名　SBCスペシャル「消えた 村のしんぶん〜滋野村青年団と特高警察〜」
発表媒体　信越放送（SBCテレビ）

**第19回　2019年度**

**【公共奉仕部門】**

受賞者　「公文書クライシス」取材班　代表 大場 弘行（毎日新聞東京本社編集編成局特別報道部）
作品名　公文書クライシス
発表媒体　毎日新聞

**【草の根民主主義部門】**

受賞者　呼吸器事件取材班　取材班代表 秦 融（中日新聞社：名古屋本社編集局編集委員）
作品名　調査報道「呼吸器事件」 司法の実態を告発し続ける連載「西山美香さんの手紙」
発表媒体　中日新聞・中日web

**【文化貢献部門】**

受賞者　佐々木 実
作品名　『資本主義と闘った男　宇沢弘文と経済学の世界』
発表媒体　書籍（講談社）

＊奨励賞

**【公共奉仕部門】**

受賞者　琉球新報ファクトチェック取材班　取材班代表 滝本 匠（琉球新報社）
作品名　県知事選などを巡るファクトチェック報道とフェイク発信源を追う一連の企画
発表媒体　琉球新報

**【文化貢献部門】**

受賞者　鳥山 穣（TBSラジオ）、神戸 金史（RKB毎日放送）
作品名　報道ドキュメンタリー「SCRATCH　差別と平成」
発表媒体　TBSラジオ、RKB毎日放送

**第20回　2020年度**

**【公共奉仕部門】**

受賞者　西日本新聞社かんぽ生命不正販売問題取材班　代表 宮崎 拓朗（西日本新聞社 社会部）
作品名　かんぽ生命不正販売問題を巡るキャンペーン報道
発表媒体　西日本新聞

**【公共奉仕部門】**

受賞者　毎日新聞統合デジタル取材センター「桜を見る会」取材班代表 日下部 聡（毎日新聞　東京本社）
作品名　「桜を見る会」追及報道と『汚れた桜「桜を見る会」疑惑に迫った49日』の出版　ネットを主舞台に多様な手法で読者とつながる新時代の試み
発表媒体　毎日新聞ニュースサイト、毎日新聞出版

**【草の根民主主義部門】**
受賞者　三上 智恵
作品名　『証言　沖縄スパイ戦史』
発表媒体　書籍（集英社新書）
＊奨励賞
**【公共奉仕部門】**
受賞者　片山 夏子（東京新聞社会部）
作品名　『ふくしま原発作業員日誌　イチエフの真実、９年間の記録』
発表媒体　書籍（朝日新聞出版）
**【草の根民主主義部門】**
受賞者　房 満満（株式会社テムジン）
作品名　NHK BS1スペシャル「封鎖都市・武漢～ 76日間 市民の記録～」
発表媒体　NHK BS1スペシャル
**【文化貢献部門】**
受賞者　静岡新聞社「サクラエビ異変」取材班　代表 坂本 昌信（静岡新聞社編集局社会部）
作品名　サクラエビ異変
発表媒体　静岡新聞、静岡新聞ホームページ「アットエス」

**第21回　2021年度**
**【公共奉仕部門】**
受賞者　平野 雄吾（共同通信）
作品名　『ルポ入管―絶望の外国人収容施設』
発表媒体　書籍（筑摩書房）
**【草の根民主主義部門】**
受賞者　立山 芽以子（JNN）
作品名　『ムクウェゲ　女性にとって世界最悪の場所で闘う医師』
発表媒体　映画（「TBSドキュメンタリー映画祭」にて上映）
**【文化貢献部門】**
受賞者　春名 幹男
作品名　『ロッキード疑獄――角栄ヲ葬リ巨悪ヲ逃ス』
発表媒体　書籍（KADOKAWA）
＊奨励賞
**【公共奉仕部門】**
受賞者　熊本日日新聞 2020熊本豪雨取材班　代表 亀井 宏二
作品名　2020 熊本豪雨　川と共に
発表媒体　熊本日日新聞（朝夕刊、電子版）
**【草の根民主主義部門】**
受賞者　大村 由紀子（RKB毎日放送テレビ）
作品名　ドキュメンタリー「永遠の平和を　あるBC級戦犯の遺書」
発表媒体　RKB毎日放送（テレビ版）・RKBラジオ（ラジオ版）・YouTube

**本賞選考委員（第22回）**　（50音順）

瀬川至朗（早稲田大学政治経済学術院教授：ジャーナリズム研究）、高橋恭子（早稲田大学政治経済学術院教授：映像ジャーナリズム論）、武田　徹（ジャーナリスト、専修大学文学部教授）、土屋礼子（早稲田大学政治経済学術院教授：メディア史、歴史社会学）、中谷礼仁（早稲田大学理工学術院教授：建築史、歴史工学研究）、中林美恵子（早稲田大学留学センター教授：政治学、国際公共政策）、三浦俊章（ジャーナリスト）、山根基世（アナウンサー）、吉岡　忍（作家、日本ペンクラブ前会長）、ルーシー・クラフト（ジャーナリスト）

**過去に選考委員を務められた方々**　（50音順、職名は委員在任時）

秋山耿太郎（朝日新聞社元社長、第14回～第20回）、新井　信（編集者、元文藝春秋取締役副社長、第１回～第15回）、内橋克人（評論家、第１回～第８回）、江川紹子（ジャーナリスト、第１回～第３回）、岡村黎明（メディア・アナリスト、第１回～第10回）、奥島孝康（早稲田大学総長、早稲田大学法学学術院教授、第１回～第３回）、鎌田慧（ルポライター、第１回～第15回）、河合隼雄（心理学者、文化庁長官、第１回）、黒岩祐治（元フジテレビジョンキャスター、第11回）、小池唯夫（元パシフィック野球連盟会長、元毎日新聞社社長、元日本新聞協会会長、第１回～第10回）、後藤謙次（ジャーナリスト、元共同通信編集局長、第12回～第17回）、小山慶太（早稲田大学社会科学総合学術院教授、第１回～第10回）、佐藤　滋（早稲田大学理工学術院教授、第15回～第16回）、佐野眞一（ノンフィクション作家、ジャーナリスト、第１回～第12回）、清水功雄（早稲田大学理工学学術院教授）、下重暁子（作家、第５回～第13回）、外岡秀俊（元朝日新聞東京編集局長、北海道大学公共政策学研究センター上席研究員、第21回）、竹内　謙（日本インターネット新聞社代表取締役社長、第１回～第13回）、谷藤悦史（早稲田大学政治経済学術院教授、第１回～第14回）、田沼武能（写真家、日本写真家協会会長、第１回～第10回）、坪内祐三（評論家、第13回～第17回）、永井多恵子（世田谷文化生活情報センター館長、元NHK解説主幹、第１回～第４回）、箱島信一（朝日新聞社顧問、元日本新聞協会会長、第11回～第13回）、長谷川眞理子（早稲田大学政治経済学部教授、第１回～第５回）、花田達朗（早稲田大学教育・総合科学学術院教授、第６回～第13回）、林　利隆（早稲田大学教育・総合科学学術院教授、第１回～第５回）、原　剛（毎日新聞客員編集委員、早稲田環境塾塾長、早稲田大学名誉教授、第１回～第15回）、原　寿雄（ジャーナリスト、元共同通信社長、第１回～第３回）、土方正夫（早稲田大学社会科学総合学術院教授、第14回～第16回）、広河隆一（フォトジャーナリスト、「DAYS JAPAN」発行人、第11回～第18回）、ゲプハルト・ヒールシャー（ジャーナリスト、元在日外国報道協会会長、元日本外国特派員協会会長、第１回～第９回）、深川由起子（早稲田大学政治経済学術院教授、第８回～第13回）、アンドリュー・ホルバート（城西国際大学招聘教授、元日本外国特派員協会会長、第10回～第21回）、松永美穂（早稲田大学文学学術院教授、第14回～第16回）、八巻和彦（早稲田大学商学学術院教授、第４回～第17回）、山崎正和（劇作家、東亜大学学長、第１回～第４回）、吉永春子（ドキュメンタリープロデューサー、現代セ

ンター代表、元TBS報道総局専門職局長、第１回～第８回）

## 「石橋湛山記念　早稲田ジャーナリズム大賞記念講座」シリーズ

**報道が社会を変える**
コーディネーター　原　剛　早稲田大学出版部　2005年　本体価格1800円

**ジャーナリズムの方法**
コーディネーター　原　剛　早稲田大学出版部　2006年　本体価格1800円

**ジャーナリストの仕事**
コーディネーター　原　剛　早稲田大学出版部　2007年　本体価格1800円

**「個」としてのジャーナリスト**
コーディネーター　花田達朗　早稲田大学出版部　2008年　本体価格1800円

**「可視化」のジャーナリスト**
コーディネーター　花田達朗　早稲田大学出版部　2009年　本体価格1800円

**「境界」に立つジャーナリスト**
コーディネーター　花田達朗　早稲田大学出版部　2010年　本体価格1800円

**「対話」のジャーナリスト**
コーディネーター　花田達朗　早稲田大学出版部　2011年　本体価格1800円

**「危機」と向き合うジャーナリズム**
コーディネーター　谷藤悦史　早稲田大学出版部　2013年　本体価格1800円

**ジャーナリズムの「可能性」**
コーディネーター　谷藤悦史　早稲田大学出版部　2014年　本体価格1800円

**ジャーナリズムの「新地平」**
コーディネーター　谷藤悦史　早稲田大学出版部　2015年　本体価格1800円

**「今を伝える」ということ**
編著者　八巻和彦　成文堂　2015年　本体価格1500円

**日本のジャーナリズムはどう生きているか**
編著者　八巻和彦　成文堂　2016年　本体価格1500円

**「ポスト真実」にどう向き合うか**
編著者　八巻和彦　成文堂　2017年　本体価格2000円

**ジャーナリズムは歴史の第一稿である。**
編著者　瀬川至朗　成文堂　2018年　本体価格1800円

**ニュースは「真実」なのか**
編著者　瀬川至朗　早稲田大学出版部　2019年　本体価格1800円

**民主主義は支えられることを求めている！**
編著者　瀬川至朗　早稲田大学出版部　2021年　本体価格1800円

**SNS時代のジャーナリズムを考える**
編著者　瀬川至朗　早稲田大学出版部　2022年　本体価格1800円

## 編著者紹介


瀬川 至朗（せがわ しろう）

岡山市生まれ。東京大学教養学部教養学科（科学史・科学哲学）卒。毎日新聞社でワシントン特派員、科学環境部長、編集局次長、論説委員などを歴任。現在、早稲田大学政治経済学術院教授。「石橋湛山記念 早稲田ジャーナリズム大賞」選考委員、同記念講座コーディネーター、早稲田大学ジャーナリズム大学院（大学院政治学研究科ジャーナリズムコース）プログラム・マネージャー。ファクトチェック・イニシアティブ（FIJ）、報道実務家フォーラム各理事長。専門はジャーナリズム研究、科学技術社会論。著書に『科学報道の真相――ジャーナリズムとマスメディア共同体』（ちくま新書、2017年〔科学ジャーナリスト賞2017を受賞〕）などがある。



**データが切り拓く新しいジャーナリズム**
「石橋湛山記念 早稲田ジャーナリズム大賞」記念講座2023

2023年12月15日　初版第１刷発行

編 著 者　瀬 川 至 朗

デザイン　佐 藤 篤 司

発 行 者　須 賀 晃 一

発 行 所　株式会社早稲田大学出版部
〒169-0051 東京都新宿区西早稲田1-9-12
TEL03-3203-1551
https://www.waseda-up.co.jp

編集協力　有限会社アジール・プロダクション
印刷・製本　シナノ印刷株式会社



ISBN978-4-657-23015-7

# 石橋湛山記念
# 早稲田ジャーナリズム大賞

建学以来、早稲田大学は「学問の独立」という建学の理念のもと、時代に迎合せず、野にあっても進取の精神で理想を追求する多数の優れた人材を、言論、ジャーナリズムの世界に送り出してきました。

先人たちの伝統を受け継ぎ、この時代の大きな転換期に、自由な言論の環境を作り出すこと、言論の場で高い理想を掲げて公正な論戦を展開する人材を輩出することは、時代を超えた本学の使命であり、責務でもあります。

このような趣旨にのっとり「石橋湛山記念 早稲田ジャーナリズム大賞」を創設しました。

本賞は広く社会文化と公共の利益に貢献したジャーナリスト個人の活動を発掘し、顕彰することにより、社会的使命・責任を自覚した言論人の育成と、自由かつ開かれた言論環境の形成への寄与を目的としています。

賞の名称には、ジャーナリスト、エコノミスト、政治家、また本学出身の初の首相として活躍した石橋湛山の名を冠しました。時代の流れにおもねることなく、自由主義に基づく高い理想を掲げて独立不羈の精神で優れた言論活動を展開した湛山は、まさに本学の建学の理念を体現した言論人であるといえます。

（本賞制定の趣旨より）